JOSÉ RAMÓN
DE LA MORENA

Los silencios de El Larguero

EL PAIS
AGUILAR

Juan Bravo, 38. 28006 Madrid
Tel. 322 47 70. Fax 322 47 71

Fotografías: Pedro Menéndez y archivo del autor

Diseño: Estudio de Comunicación
Maquetación: José Freire

ISBN: 84-03-59704-5
Depósito legal: M-13.602-1995

Primera edición: mayo 1995

ÍNDICE

A mi madre,
que hace algún tiempo apenas sabe ya de mí
más que lo que oye...,
y se está quedando sorda.

P R E S E N T A C I Ó N

LA TRANSICIÓN DEPORTIVA

"Tu afición es sentimiento y es nuestro alimento". Todas la noches José Ramón de la Morena abre sus micrófonos de la SER con esta sintonía para reconocer y testimoniar que los medios de comunicación se deben a sus oyentes.

La sociedad española ha conocido muchos progresos en los últimos años. El mundo del deporte parecía un tema menor en el que se podían olvidar los elementales derechos cívicos que se comenzaban a ejercer en nuestro país. Las libertades no habían llegado al universo del deporte con la claridad y nitidez que se asentaban en otros ámbitos de nuestra vida colectiva.

Un grupo de deportistas encabezó un movimiento —poco articulado— para plantar cara a los mecanismos arcaicos que dominaban las relaciones de algunos medios de comunicación con su profesión. Estos deportistas, su espíritu y su talante fueron el embrión del programa de De la Morena.

La convicción, el arrojo y la insolencia —por qué no decirlo— de *El Larguero* y José Ramón han contribuido a que el mundo del deporte sea hoy un territorio más limpio y, sobre todo, pertenezca a sus protagonistas: deportistas y aficionados.

Ése es el éxito de José Ramón, la transparencia. Su capacidad de liderar un equipo que, con dificultades y zancadillas, articuló el más brillante papel de un periodista. Comunicar las cosas que pasan, con criterio y con convicción.

Su ejemplo, nada fácil por otra parte, nos llena de orgullo al equipo de la SER. Porque trabaja con criterios profesionales y solidarios, pero nunca rehúye pisar el terreno difícil. Asume los retos, se diluye en los éxitos y entrega los triunfos.

La pasión de los periodistas de raza no es el protagonismo. A veces, se asume para conseguir los objetivos. La satisfacción reside en que te crean y te respeten. José Ramón de la Morena pertenece a este grupo de profesionales.

Desde el primer momento las cosas fueron sencillas. Alfredo Relaño —entonces director de deportes de la SER—, José Ramón y la redacción deportiva galvanizaron una página de periodismo apasionante. En este libro se desgranan muchas de la vivencias y pequeños secretos que han acompañado este programa de radio.

El Larguero constituye un proyecto colectivo. Oyentes, deportistas y ciudadanos son los verdaderos protagonistas de este éxito de la comunicación, que en poco tiempo ha conquistado el liderazgo de audiencia.

José Ramón de la Morena supo captar y tuvo la convicción para articular este fenómeno de las ondas. Por sus esfuerzos, dedicación y honradez todas las personas que nos dedicamos al periodismo le deseamos larga vida a *El Larguero.*

Probablemente no me permitiría terminar estas líneas sin testimoniar mi agradecimiento a José Ramón por la integridad de su conducta profesional y su entrañable actitud. Si en algo puede servir su ejemplo a quienes empiezan en esta profesión, merecería destacar que un periodista es sólo una buena persona que ve las cosas y las cuenta. La pasión por comunicar exige muchos sacrificios, pero también da muchas satisfacciones.

Augusto Delkáder
Director General Cadena SER

PRÓLOGO

El cuándo conocí a José Ramón de la Morena es difícil situarlo en el tiempo. Era —sigue siendo— uno de los periodistas que nada más acabar una carrera ciclista venía como una moto, con su micrófono en mano, a hacerte una entrevista. Aunque más de una vez me preguntaba si su micrófono, más que para hablar, no sería un arma de defensa, porque a la vez que preguntaba se pegaba con otros periodistas y fotógrafos que pululaban en torno al ciclista. Siempre ha sido muy difícil la convivencia de los corredores con los periodistas; los primeros se encuentran cansados, y los otros, con una ganas locas de echarse sobre el deportista para conseguir las primeras palabras, normalmente balbuceos. Y uno de los dos tiene que ceder.

Creo que no fue hasta 1988 cuando comencé a conocerlo un poco más. Yo había llegado a un acuerdo con la Cadena SER, para apoyar con mis conocimientos los comentarios de la Vuelta Ciclista a España de aquel año, carrera en la que, por no participar, recibí un gran número de críticas. Allí fui conociendo, al igual que a José Ramón, a todo el equipo desplazado de la radio para la retransmisión de la carrera ciclista. Vi —y me divertí— con mis propios ojos los monumentales cabreos de Joserra: unas veces por problemas técnicos, otras porque las cosas no se hacían como él quería; todos sus compañeros se armaban de paciencia, sabían que era un pronto de los suyos y que al cabo de unos segundos volvería a su ser. Así le vas conociendo un poquito más y comienzas a cogerle cariño y a trabar una verdadera amistad, porque te das cuenta de lo buena persona que es.

Hoy en día me considero un amigo suyo, y me siento muy orgulloso y agradecido por la ocasión que me brinda de escribir unas líneas en el comienzo de este diario que, estoy seguro, va a ser un éxito. Para mí, lo mejor del libro es la valentía de publicar la crónica de un año de su vida de manera objetiva, en un mundo en el que nadie se atreve a ser sincero ni siquiera consigo mismo, mostrando, a la vez, la forma de ser y de actuar de los medios de comunicación deportivos de este país.

Pedro Delgado

INTRODUCCIÓN

CÓMO EMPEZÓ TODO

Luis Aragonés dice que la suerte no existe. Sólo existe la buena o la mala suerte, pero la suerte no. Sin embargo he de reconocer que yo soy un hombre de suerte. A mis treinta y ocho años he conseguido lo que más soñé: ser periodista y ¡cuidado que lo soñé!

Brunete es un pueblo pequeño, de unos tres mil habitantes, que abre los ojos ahora a la especulación del suelo. Los labradores no salen de su asombro al comprobar que esas tierras que ellos labraron durante décadas, y que un año anómalo con otro bueno daban para ir tirando, ahora sirven para hacer chalets y casas adosadas, de tal manera que si vendes una de esas tierras un poco *bien colocadas*, no debes volver al tractor, la sierra y el arado... e incluso puedes convertirte en un próspero constructor. Y así ha sido, y así está ocurriendo. Mi pueblo vive la fiebre del *oro recalificado.*

Pero antes no era así. Hubo un tiempo en el que *los de los chalets* eran negociantes, más o menos prósperos, de ciudad que los sábados venían al pueblo. Apenas tuve amigos de *los de los chalets.* Mis amigos pertenecían al pueblo porque yo era del pueblo.

Mi padre es un secretario de ayuntamiento, ya jubilado, que en sus años mozos llegó a Brunete después de conseguir unas oposiciones. Conoció a mi madre, la pequeña del tío Nicasio, un labrador viudo desde los 30 años, con otras tres hijas más. Mi madre, no obstante, vivía con mi tía Andrea, una solterona lista y autoritaria que tenía una tienda, de ésas que había antes en las que se vendía de todo: galletas, chocolate, azúcar, sal, membrillo en latas grandes, fajas para las señoras, albarcas para los labradores; incluso azadas, rejas, sombreros de paja... De todo. Y si no lo había, se encargaba al coche de línea o a la lechera y, al día siguiente, la Andrea lo tenía en la tienda.

Yo pasaba buenos ratos en el brasero de la trastienda escuchando la radio y estudiando *El parvulito*. Yo, en aquel tiempo, ya quería ser periodista.

Nunca supe de dónde me vino la vocación.

Mi abuelo también era secretario de ayuntamiento, con lo que Antonino —el alcalde— cuando venía a mi casa le decía a mi padre, acariciándome la cabeza:

—El mozo también será secretario, ¿no?

Y yo corría a la cocina protestándole a mi madre:

—¡Que no, que yo voy a ser periodista!

Pero mi madre terminaba de cuajar la tortilla de patatas con un suspiro:

—¡Ay, José Ramón!... Si fueses sacerdote, ¡que alegría tan grande me darías!

Lamento no haberle dado esa alegría. Creo que no le he dado demasiadas, aunque ella dice que tampoco tiene quejas.

Javi, Luciano, Angelito, el de la Leo, Geño... Hicimos un equipo de fútbol en el que yo jugaba de defensa. Era horrible.

Según lo bueno que eras, te ponían el número en la espalda, cosido con cinta negra, que vendía la Andrea en la tienda. A mí me pusieron el "2". Zazo era el portero.

Pronto me di cuenta de que no jugaría nunca en la selección. Y comencé a dar salida a mis instintos vocacionales; hacía las crónicas.

Teníamos buen equipo. Javi jugaba con el "10", Angelito, el de la Leo, con el "11", Luis era el "9" y Luciano creo que el "6"... Cuando veníamos de jugar contra Villanueva del Pardillo, mi tío Miguel —nuevo alcalde— salía a preguntarnos:

—¿Cómo habéis quedado?

Y Guillermo le contestaba:

—Que se lo cuente José Ramón, que es el reportajero.

Yo era el reportajero. Nadie tenía la menor duda. Colgábamos las crónicas en el bar de Educación y Descanso, que regentaba el padre de Javi.

Aquello se me quedaba corto. Por aquel tiempo me habían metido ya interno en los Escolapios de Getafe. Allí, en la revista del colegio, debuto con mi primera entrevista a lo grande: Benito, el defensa central del Real Madrid.

Benito era de El Puente del Arzobispo (Toledo) y mi amigo Julián Sánchez también era de allí. Los dos, con el padre Isidro, nos presentamos en su casa un domingo, después que el Madrid empatara en el Bernabéu a uno con el Elche.

Soñé con entrevistar a Gárate, pero nunca —ni de profesional— lo pude conseguir.

Terminado el COU, mi padre dedicó sus mejores argumentos para convencerme de que estudiase Derecho. Lo de periodista le sonaba poco serio. Era como ser cantante, trapecista o algo así. Yo protestaba, pero él cada vez se ponía más terco.

Mi primer año en la universidad fue en San Blas, haciendo Derecho. Duré poco. Hice el primer año y me costó horrores. Decidí dejarlo... Sería periodista. Mi padre bramaba.

La Facultad de Ciencias de la Información llevaba pocos años como tal y sólo existía en Madrid y Barcelona. Era muy difícil el acceso. Mi primo Javier, que estudiaba Filosofía, le dijo a mi padre:

—¡Déjale! Si no le van a coger. Hacen un montón de pruebas y son durísimas.

En efecto, las pruebas eran la leche. Tenías que hacer un examen escrito muy fuerte, incluso de un idioma —francés o inglés— y, si lo pasabas con nota alta, accedías directamente. Si no era una nota baja te daban otra oportunidad, pero ya ante un tribunal, en un examen oral. Si suspendías, creo que no había opción.

Os decía antes que yo soy un hombre de suerte, al menos en los momentos más críticos y comprometidos. Ése fue uno de ellos... y tuve muy buena suerte.

Yo no iba bien preparado a ese examen. Debió de ser el Espíritu Santo. Hoy, aún no acabo de entenderlo. Hice un examen extraño. Salí sin saber si había despegado hacia la gloria o directamente a San Blas otra vez, a padecer el derecho romano.

Mi primo Javier apareció a los pocos días una noche en el baile de la plaza, en plenas fiestas:

—¡Enhorabuena chaval!

Yo me quedé perplejo y él siguió:

—¡Has aprobado! ¡Pasas directo!

Esa noche me fui a la cama convencido de que debía haber un error. Pero no lo hubo. Por la mañana cogí el coche de línea hasta Palos de la Frontera, metro hasta Moncloa y el "62" hasta Ciencias de la Información. Allí estaban las listas y allí estaba mi nombre escrito todo con mayúsculas: José Ramón de la Morena Pozuelo.

Mi padre aceptó con una prudente indiferencia. No me felicitó, pero tampoco me lo impidió:

—Allá tú —me dijo resignado—.

En la facultad conocí a Juan Dionisio Navarro. Era de Almería. Su cuñado era periodista y de los buenos: Paco Mora del Río. Le consiguió hacer prácticas ese verano en *El Eco de Canarias.* ¡Qué envidia! Me habría dejado romper un brazo por conseguir esas prácticas. Le enviaron el billete de avión y se fue ese verano a Las Palmas. Cuando regresó me contaba que había logrado entrevistar a Cubillo, el líder del MPAIAC. Yo sufría de pura envidia.

Llegué a la conclusión de que a mí no me iba a ayudar nunca nadie y que tendría que ser yo solo. ¡Ya está! ¡Fundaré una revista!

Se lo dije a mi amigo Antonio, el cura nuevo de Brunete, y le pareció buena idea. Aunque Antonio estaba un poco mosca con el pueblo. Se le había ocurrido consentir que un grupo de chavales cantaran el domingo la *Misa Campesina*, con Los de Palacagüina, Ana Belén y Víctor Manuel, que en Brunete estaban considerados como *altamente rojos.* La cosa no llegó a mayores por puro milagro, pero a mitad de la misa se le salió media iglesia. Algunas mujeres fueron incluso a la sacristía totalmente indignadas y, a la salida de la iglesia, el cura escuchó fuertes abucheos. Estábamos en el año 1975... creo.

Y nos pusimos con la revista. Decidí llamarla *Nosotros y nuestras cosas* y me nombré director *ipso facto.* El cura trajo una ciclostil de no sé dónde y nos liamos a tirar hojas como locos, que después grapábamos y vendíamos en los bares a cinco duros para pagar el papel, la tinta y las planchas.

El primer número cayó de improviso y apenas nadie protestó. Pero el segundo número fue acojonante. Comenzaba ya a hablarse de elecciones, después de que se hubiera aprobado la Constitución, y recuerdo que hubo una reunión de alcaldes en Brunete, convocados por Juan José Rosón, gobernador civil de Madrid, y Martínez Emperador, presidente de la Diputación. Llegaron a la plaza del pueblo con sus coches oficiales y sus policías de paisano con gafas de sol y subieron al salón de Educación y Descanso, donde esperaban los alcaldes de la zona. Yo logré colarme a una habitación contigua, que tenía unos agujeros por donde en tiempos se proyectaban las películas de cine, y por ahí pude ver parte de la reunión.

Presidían Rosón y Martínez Emperador y hablaban de la creación de un partido que se iba a llamar Alianza Popular. Alguno exclamaba:

—¡Pero si los partidos están prohibidos!

—Éste no —contestaba Martínez Emperador—.

Rosón asentía fumando en silencio.

Los alcaldes —todos nombrados a dedo y de reputación derechista intachable—, se mostraban nerviosos, extrañados e incrédulos. Martínez Emperador llevaba el peso de la charla:

—Tranquilos —dijo, abriendo las manos hacia abajo y extendiendo los brazos hacia adelante—, tranquilos. Cuando haya que votar ya se os dirá a quién hay que votar.

Vi a dos tipos trajeados subir por las escaleras y decidí largarme. Me encontré de bruces con ellos. El del bigote me encaró:

—Chaval, ¿dónde vas?

—A casa de mi amigo Javi... Vive aquí.

—¿Dónde? —preguntó el más alto quitándose las gafas de sol—.

—Aquí —y señalé la parte de la vivienda contigua a Educación y Descanso—.

Ellos me miraban y yo llamé a la puerta:

—¡Javi! ¡Javi!

Suplicaba que se abriera la puerta. Del salón de Educación y Descanso se oyó una atronadora ovación.

—Debe de estar abajo en el bar —dije, mientras me lanzaba escaleras abajo—.

Ese mes titulábamos en portada: "MARTÍNEZ EMPERADOR: ¡YA OS DIREMOS A QUIÉN HAY QUE VOTAR CUANDO LLEGUEN LAS ELECCIONES!"

La revista salió en fotocopias en vez de la guarrería esa de la ciclostil. Las hicimos en una parroquia de Vallecas gracias a un cura amigo de Antonio. Chanín las iba vendiendo por la calle.

Aquella noche estaba muy cansado. Acababa de cenar. Tenía los apuntes atrasados de la facultad sobre la mesilla y quería leer algo. Estaba quitándome los vaqueros cuando oí sonar el timbre de la puerta y a mi madre abrirla. Luego la voz de Chanín:

—¿Está José Ramón?... ¡Que le llama el alcalde!... Me parece que es por lo de la revista.

—¡Joder! —dije—.

Empecé a ponerme nervioso y a acelerarme. Pensaba en la bestialidad del titular. Se lo habrán llevado a Rosón, ¡seguro!, pensaba, y a Martínez Emperador. ¡Dios! Ése tiene peor pinta.

Pero lo que más me preocuba era lo del Registro Legal. Yo había oído rumores por el pueblo sobre la ilegalidad de la revista y, en clase, le pregunté al profesor de Derecho de la Información cómo se legalizaba una revista. El hombre me dio toda clase de detalles, paso a paso, hasta terminar en la presentación de la publicación en el Ministerio de Información para que pasase la censura...

—Y de ahí —decía el profesor— ese cuadrito que véis en todas las publicaciones donde pone "Nº de Registro Legal".

Entendí que nunca podría legalizar la revista, pero sí podía hacer un cuadrito con un número en el que pusiese "Nº de Registro Legal". Y así lo hice.

¿Quién iba a descubrir que era falso? ¿Quién iba a ir al Registro a comprobarlo? Nadie. Estaba seguro.

Hice correr el rumor de que la estábamos legalizando y salí con un cuadrito enmarcado en negro, en la solapa de la primera página, en donde se leía: "Nº de Registro Legal 15.981".

Se me venía el mundo encima. Lo habrán descubierto, pensé. Iré a la cárcel.

No creo, me animaba, a la cárcel ya no se va por estas cosas... O tal vez sí. Mira si hay gente del Partido Comunista todavía en el *talego*. No. Ya no hay nadie en el *talego*. Pero esto es un delito. Has evitado pasar por la legalización de la revista. No has pasado la censura, lo has falseado, me reprochaba.

Todos estos detalles me golpeaban el cerebro, mientras me ponía otra vez los vaqueros con desgana.

Chanín se iba:

—Bueno yo me voy... Que te espera en su casa —gritó desde la escalera a modo de despedida—.

Por un momento me tranquilicé. Me espera en su casa. No será tan grave.

Habría venido la Guardia Civil.

El alcalde estaba en la cocina. Me abrió la puerta su mujer y me hizo pasar sin ningún otro comentario. Él estaba sentado. Yo permanecí de pie.

Hojeaba la revista. Levantó la cabeza:

—¿A ti te parece bonito esto?

—¿El qué? —dije yo acobardado—.

—¡Joder! ¡Bien lo sabes!... Mira... esto... verás.

Y comenzó a pasar páginas.

Yo respiraba: ¡Dios!... Lo del Registro se lo ha pasado. Va a ser lo de Martínez Emperador... No, no, ¡tampoco! El alcalde pasó a toda velocidad y casi a manotazos las hojas en las que yo, de una manera temeraria, hablaba y contaba con mil detalles la reunión de los alcaldes con Rosón y Martínez Emperador.

De repente, abrió la mano y la estampó sobre la hoja que buscaba:

—¡Esto! ¡Esto! ¿Te parece bonito?

Alargué el cuello y leí rápidamente el titular: "El club de fútbol Brunete se hunde". ¡Joder! Rebobiné a toda velocidad en la memoria, tratando de recordar aquel artículo que no sabía muy bien de qué iba...

—¿Te parece bonito? —me bramaba el alcalde—. ¡Si es que pones mal hasta al pobre Goro!

El Goro era el entrenador del equipo. Yo dejaba que se encelara, pues sabía que ese burladero estaba salvado.

—Sí —balbucí—. Yo creo que ahí nos hemos pasado un poco.

—¿Un poco? ¡Un poco! ¡Todo! Un equipo de fútbol que hace lo que puede y hablas de desgana, de falta de medios. Pero, ¡joder!, ¿qué pueblo tiene un campo como éste?... Dime, ¿cuál?

—Sí, en eso ya digo que hemos estado poco atinados.

—¡Nada! Y te voy a decir otra cosa —me dijo, mirándome de frente por primera vez—. Ya he visto que la revista está legalizada, pero ándate con ojo. No por mí, pero aquí hay gente muy extremista que te puede dar un disgusto.

—Como ha dicho, la revista está legalizada.

—Bueno, yo te he dicho lo que tenía que decirte. ¡Hala!, puedes marcharte.

Y me marché.

Cuando salí sudaba a chorros por todas partes.

En mi casa la situación se puso difícil. A mi padre, el secretario del Ayuntamiento, lo freían conmigo. Le oía hacer comentarios de desaprobación a mi conducta, en la cocina, discutiendo con mi madre. Ella hacía de defensora:

—Él quiere ser periodista...

—¡Leches! —chillaba mi padre—. ¿Periodista? ¿De qué?, ¿de cacicadas?, ¿de pueblos?... ¿Tú sabes lo que es tener que aguantar a todos estos ahí arriba? —y señalaba hacia el Ayuntamiento—. Claro que ya les he dicho —bajaba la voz:— Señores, tiene 18 años, es mayor de edad, denúncienle si lo consideran oportuno... Aunque esa revista está legalizada.

¡Joder!, mi padre también ha *picao*, pensaba yo desde el cuarto de estar.

Aquello no duró demasiado tiempo. Cada vez eran menos los que querían colaborar. Hice escribir a Javi, a Luis, a mi novia... La pobre María del Mar escribió un artículo sobre Larra, después de oírme hablarle de él durante varios días. Le debí de dar tal paliza con Larra que escribió un artículo sobre su suicidio, creo.

En esos días trabajaba en un laboratorio fotográfico con Javi y un grupo de jóvenes del pueblo. Trabajaba por la mañana y por la tarde iba a clase. Se puso de moda la película de José Luis Garci *Solos en la madrugada.*

¡La radio! ¡Eso sí debe ser la *leche!* Cuando acabe Periodismo y trabaje en un periódico... después iré a la radio... ¡Después no!, ¡ahora!

Ahora tengo que hacer un guión y presentarlo a las emisoras... Un programa para los pueblos, como la revista *Nosotros y Nuestras Cosas*, pero en radio.

Dicho y hecho. Me puse a ello como un loco durante algunos días y terminé algo parecido a un guión de radio y me puse a presentarlo en todas las emisoras, con mi amigo Tomás, compañero de clase.

—A la SER no lo llevamos —le dije—.

—¿Por qué? —me preguntó—.

—¡Estás loco! Allí están García, González Ferrari, Castaño, Vicente Marco... ¿Tú crees que nos van a coger a nosotros? Ahí mejor ni intentarlo.

Sí lo hicimos en Radio España, Radio Centro y Radio Intercontinental. En Radio España estaba Andrés de Sendra, en Radio Centro Miguel Ors —creo— y en Radio Intercontinental Miguel Vila. Miguel Vila era la estrella de Televisión Española. Presentaba *La moviola* los lunes y era quizás de los periodistas más populares del momento.

Aquella tarde Javi y yo estábamos descargando una camioneta de cajas de papel fotográfico. No tenía clase —por alguna huelga o algo parecido—.

Una chica del laboratorio vino a avisarme:

—Te llaman por teléfono.

—¿Quién es? —pregunté—.

—No lo sé —dijo—.

Atravesé la nave del laboratorio llena de ruidos de máquinas que arrastraban papel fotográfico por distintos baños, hasta salir las fotografías secas al final del túnel. Tomé el teléfono y pregunté:

—¿Sí?

—¿José Ramón de la Morena?

—Sí, soy yo —creí reconocer esa voz a la primera—.

—Soy Miguel Vila —dentro de mí se incendió todo—. Tengo aquí un proyecto tuyo para hacer un programa...

—Sí, sí. Bueno, mío y de otro... de Tomás Martínez.

—Sí, efectivamente —dijo Vila—. Bueno, mira, si queréis probar suerte en la radio, yo necesito un chaval para Informativos.

—¿Para cuándo?

—Para ya mismo. ¿Podrías ahora?

—Sí, sí.

—Pues mira, son las tres y cuarto. ¿Que tal a las cuatro?

—Bien, bien. A las cuatro.

Llamé a Tomás a su casa:

—Tomás, a las cuatro en Radio Intercontinental. ¡Date prisa! ¡Yo voy para allá!

Tomás seguía preguntándome cuando ya le había colgado el teléfono. Aún no recuerdo bien si llegué a pedir permiso en el laboratorio o salí de estampida hacia la radio, pero a las cuatro estaba en Radio Intercontinental y unos minutos después llegó Tomás.

—La prueba es muy sencilla —decía Miguel Vila—. Nosotros damos noticias cada quince minutos. Un *flash*. Se leen uno o dos teletipos. Mirad, coged una noticia y la leéis.

—¿Ahora? —pregunté yo—.

—Bueno, a las cuatro y cuarto. Son... las cuatro y diez.

Aquel micrófono gris de Radio Intercontinental era lo más impresionante que yo había visto nunca. Aquella luz roja que indicaba que estábamos en el aire.

Comencé a leer concentrado como si me fuera la vida en ello. No leía, recitaba, interpretaba. Cuando acabé, levanté la vista buscando a Miguel Vila, que me observaba:

—Muy bien chaval... ¿Cómo dices que te llamas?... Vale, ahora tú —le dijo a Tomás—... A las cuatro y media, ¿de acuerdo?

Tomás cogió un teletipo y creo que se lo aprendió de memoria, de las veces que lo leyó. A las cuatro y media sufrió la misma ceremonia y Miguel Vila también aprobó su intervención:

—Bueno, pues nada. Así cada quince minutos... Seguid hasta las seis de la tarde. ¿De acuerdo?

Llamé a mi madre y al laboratorio. No se lo creían. Yo me retorcía de la risa cuando pensaba en la cara de mi madre.

En el último informativo, el de las seis, el teletipo decía: "S.M. don Juan Carlos I ha probado el nuevo modelo de helicóptero, modelo..." A mí eso de S.M. me pilló desprevenido y leí: "El Sha Juan Carlos I ha probado el nuevo helicóptero..." Los del control se revolcaban de la risa y yo pensé en lo poco que había durado mi felicidad.

Al día siguiente nos llamó Miguel Vila a su despacho:

—Lo siento, hay uno de vosotros que tiene que irse. Le ha escuchado don Ramón Serrano Suñer y ha dicho que no le gusta.

Ni Tomás ni yo teníamos dudas de quién era. Los dos sabíamos que era yo, así que para qué preguntar, pero Tomás preguntó:

—¿Quién es?

—No lo sé —dijo Vila—, me ha dado la cinta y me ha dicho que es ésta... —Y nos mostró una casette, mientras añadía—: Vamos a oírla y salimos de dudas.

Yo no quería oírla, así es que no quise pasar al despacho. Pasaron Tomás y Miguel Vila. Me quedé leyendo los teletipos por última vez. A los dos minutos salió Tomás y después Miguel Vila.

—Soy yo —me dijo Tomás con los ojos húmedos—.

Ya he dicho que en momentos críticos soy un tipo con suerte.

Le propuse a Tomás repartir entre los dos las 15.000 pesetas mensuales que nos daban. A cambio él se encargaría de darme los apuntes de la facultad.

Me hicieron un contrato de tres meses, me lo prorrogaron otro más y me despidieron después.

Encontré trabajo, aunque sin cobrar, en Radio Popular con Luis Sanjurjo, hoy jefe de prensa del Rayo Vallecano. Creo que ahí comencé a hacerme periodista. Iba a los campos de fútbol; *hacía vestuarios*, entrevistas. Luis Sanjurjo se mostraba contento conmigo, pero la facultad, el laboratorio y la radio, todo al mismo tiempo era imposible. Tuve que dejar lo que más me gustaba, pero que no me daba ni para el transporte.

Un mes fuera de la radio y recuperé mi categoría de ciudadano normal en el pueblo. Mi madre escuchaba en las tiendas en voz medio baja:

—¿Ya no está José Ramón en la radio?

—¡Quia!... Si estaba sólo de prueba. En cuanto ha estado un tiempo habrán visto que no vale y a la calle...

Decidí retocar aquel guión, mejorarlo y lo envié a la SER.

Me llamó Tomás Martín Blanco al laboratorio, una mañana del mes de abril.

—Es un proyecto atrevido. Lo ha visto nuestro presidente, Antonio Garrigues, que tiene muchas simpatías por Brunete; le ha gustado. Ven y apúntate a las pruebas de los becarios.

Enloquecí de alegría. Llamaba varias veces al día para saber cuándo me harían las pruebas.

Me llamó José Joaquín Brotóns a últimos de abril. Me presenté en Gran Vía 32, husmeando todo, sin atreverme a nada.

—¿Estarías dispuesto a venir a las seis de la mañana? —me preguntó Brotóns—.

—¡Claro!, ¡y a las cinco! —le dije—.

Me hizo varias pruebas. Esteban Cabdas era el técnico. Es posible que a él le deba yo estar en la radio, porque le debí caer bien y le dijo a Brotóns:

—Me gusta este chaval.

Brotóns me dijo que debía volver el jueves a las seis de la mañana y presentarme a Luis Rodríguez Olivares, director de *Matinal SER*. Él me haría otra prueba en directo.

Llegué al aparcamiento de la Plaza de Santo Domingo a las tres de la madrugada. ¿Y si pincho o me pasa algo en la carretera?, pensé. Era Jueves Santo.

A las cinco y media llegué al portal de Gran Vía 32 y subí a la segunda planta. Pregunté por Luis Rodríguez Olivares, que salió a recibirme en mangas de camisa y con la corbata aflojada.

—Chico, yo no sé nada —me dijo—. A mí nadie me ha dicho nada...

—Entonces ¿qué hago? —pregunté—.

—Pues espera a que venga Brotóns.

A las once de la mañana llegaba José Joaquín Brotóns.

—¡Brotóns! ¡Brotóns!

Me miró muy sorprendido. Yo le solté a bocajarro:

—Oye, que Luis Rodríguez Olivares me ha dicho que él no sabe nada y no me ha hecho las pruebas.

Brotóns me miraba cada vez más sorprendido:

—Perdona, chico, pero no sé a que te refieres.

Se lo expliqué nerviosa y atropelladamente, hasta que me interrumpió.

—¡Ah! Ya sé... ¡Hostias tú! Se me olvidó. Ven mañana.

—¿A la misma hora?

—Sí.

—¡Pero no se te olvide decírselo a ése!

No se le olvidó, porque al día siguiente Luis Rodríguez Olivares me hizo aparecer en su impresionante *Matinal SER*. Llegué a la misma hora que el día anterior y me leí todos los periódicos y todos los teletipos deportivos de la mañana.

A mitad de programa, a eso de las ocho y media me dijo, casi en un susurro:

—Si no la cagas ahora, lo estás haciendo muy bien.

Recuerdo que en Barcelona estaba Pepe Gutiérrez, creo que también en período de pruebas.

A media mañana llegó Brotóns y me preguntó cómo había ido todo. Le expliqué mi actuación, tratando de simular que estaba tranquilo.

Él descolgó el teléfono y marcó tres números.

—¿Jefe?... Sí. ¡Hola buenos días!... Sí, sí. Sí, claro. Oye ¿qué hago con el chaval éste?... el de *Matinal*... al que le hice las pruebas. No, no, el chaval ése de Brunete.

"El jefe" debió caer en la cuenta; se oyó su voz metálica escaparse del auricular:

—Dale largas y quítatelo de encima.

Yo me derrumbé, pero lo disimulé bastante bien. Brotóns me dijo que no me preocupase, que iban a necesitar a un chaval porque Parrado se había ido y que tenía posibilidades. Cuando García regresara de la vuelta ciclista se decidiría.

Regresé al laboratorio y el mismo día que la Vuelta llegaba a Madrid ya estaba llamando por teléfono a Brotóns:

—Chico, déjame ahora —me dijo—, que tengo que dar paso a los de la Vuelta.

Me puse tan pesado durante los días siguientes que terminaron llamándome para que hablara con García.

En la puerta del despacho estaba Quique Gozalo, hoy en *Diario 16*, que me animó bastante:

—Tú tranquilo, que García no se come a nadie.

La conversación con García fue muy escueta y concreta:

—Quiero que estés aquí todos los días a las ocho de la mañana.

—Vale.

—¿Cuánto ganas en el sitio ese donde trabajas?

—Cuarenta y cinco mil mensuales —exageré un poco—.

—Déjalo. Aquí ganarás cincuenta. ¿De acuerdo?

—¡Claro!

—Pues ¡hala!, habla con Brotóns. Él te dirá.

Recuerdo ese día, regresando a Brunete por la carretera de Boadilla, como un día de color especial. Una luz distinta. Todo me parecía fantástico, todo el mundo era bueno. El campo estaba precioso, la primavera cumplía un mes... y yo era feliz.

No dejé el laboratorio. Mis instintos siempre han sido un poco desconfiados con lo desconocido. Entraba en la radio a las siete y media de la mañana y en el laboratorio a las cuatro de la tarde. Logré terminar el quinto curso de Ciencias de la Información. Fue un buen año.

Apenas tuve trato con García. Estaba muy liado. Se fue a la final de la Copa de Europa, que perdió el Madrid en París con el Liverpool, y salvo un día en que necesitaba a alguien para ir a una asamblea de la Federación Castellana de Fútbol, apenas tuve ocasión. Ese día sí. Me propuso ir a esa asamblea y yo le dije que sí, loco de contento.

Llevaba allí desde las siete y media de la mañana; eran las tres de la tarde y me fui a esa asamblea. Un rollo. Grabé lo que él me pidió: un lío que se iba a organizar cuando hablara el presidente del Carabanchel.

De regreso, por la noche, me preguntó si había cenado. Contesté que no.

Tampoco había comido. Llamó a Nebraska y me pidió la cena:

—¿Qué quieres?

—Me da igual —le dije—.

Me pidió una sopa de pescado y un filete. ¡Acojonante!

García se fue de vacaciones y al poco tiempo de su regreso, en el mes de octubre de 1981, se armó el lío aquel por el que lo echaron.

En medio de aquel follón yo estaba muy confuso y no sabía qué hacer.

Brotóns hablaba con la gente de informativos. Parece que estaban locos porque García se fuera. A mí me daba pena. No le conocía más que de la radio y de la conversación en que me contrató.

¡Por cierto! No me pagaban las cincuenta mil acordadas, me daban quince mil, pero tampoco me atrevía a preguntar, no fuera cosa de que se arrepintiesen.

García se fue y al poco tiempo comenzó a levantar Antena 3 con Martín Ferrand. Salieron en antena poco antes del Mundial de

Fútbol en España. Muy pronto se hizo otra vez con el poder y con la audiencia.

Fueron tiempos muy difíciles. En la planta noble de la cadena SER no se acostumbraban a ser segundones. Dieron bandazos a un lado y a otro. Brotóns acabó marchándose.

La noche la pelearon contra García con el doctor Cabeza, luego con Alex Botines, Fernández Abajo. Después Joaquín Durán, el vacío... y luego *El Loco de la Colina*. García siempre fue el amo.

La SER al final se rindió y le cedió el monopolio.

Yo iba los domingos por los campos de fútbol con un micrófono inalámbrico haciendo entrevistas y cuando llegaba la Vuelta peleaba en la meta hasta dar con algún ciclista por los suelos. En éstas, Perico Delgado, que comenzaba también, y yo nos hicimos muy amigos.

No quiero enrrollarme demasiado, porque acabaríamos convirtiendo esto en una autobiografía estúpida y presumida.

El grupo PRISA compró un paquete de acciones de la cadena SER, cuando ésta atravesaba momentos muy críticos en lo económico, que yo ni siquiera sospechaba.

Por entonces llegó Alfredo Relaño a la jefatura de Deportes.

Me tendría que ir mejor, porque peor era imposible. Me habían quitado de *Carrusel Deportivo* y me pusieron a hacer el Parla, el Alcoyano, Getafe, etc.

Por delante de mí tenía todo lleno de jefes, así que por muy mal que me lo pusieran, peor no me iba a ir.

Había llegado un chaval con desparpajo, chuleta, agresivo y muy inteligente. Se llamaba Paco González y le estoy viendo manipular los ordenadores con descaro ya desde los primeros días.

Yo hacía el programa de las tres de la tarde y él se quedaba conmigo como principal ayudante. Estaba también Chus Galán (ahora en Telemadrid). Pronto entendí que a esa hora de la tarde la audiencia era bastante particular. Supuse que había muchas mujeres recogiendo la mesa y que no podía abrumarlas con el "4-4-2" o la defensa en zona. Hacíamos media hora de radio descarada, mezclando la información con los cotilleos... y lo pasábamos bien. Nos reímos mucho. A Chus Galán le enviábamos a la ciudad deportiva del Madrid para cabrear a Benhaker. Y con Gil devorando entrenadores en el *Atleti*, raro era el día en que no teníamos material de calidad para fabricar algo divertido.

Un día del mes de febrero, volando de Coruña a Madrid, Alfredo me propuso hacer el programa de la noche los domingos, para que cuando comenzase la temporada lo hiciese todos los días. No acepté. Le dije que a mitad del río nunca se cambia de caballo. Cuando acabe la temporada hablamos. En el mes de julio me citaron en un restaurante Alfredo y Augusto Delkáder, entonces subdirector general. La dirección la tenía Eugenio Galdón, íntimo amigo del García, a quien llevaba algún tiempo intentando traerse a la cadena SER, si bien últimamente eso parecía ya descartado... Y le debieron convencer para que autorizase que yo debutara en primera división por la noche.

Augusto y Relaño fueron muy escuetos: "¡Haz ese programa que tienes en la cabeza!"

Me puse a pensar en el programa. Quería un título con nombre común, corto, que no fuese demasiado altivo, y pensé en *El Larguero.* A Relaño le gustó.

La sintonía quise que fuese original. No quería marchas militares ni nada parecido. Aquel verano mi hermana alquiló un apartamento en la Manga del Mar Menor y por allí andaba yo dándole vueltas a este lío. Fue en la playa. Venía con los periódicos dispuesto a tumbarme al sol. Una señora tenía la radio puesta y escuché esa canción del "Ra, ra, ra". Ya la había oído. Me acerqué al transistor y al poco escuché que era Radio Murcia. Llamé y averigüé el título y el cantaautor, pero el disco estaba fuera de catálogo. Llamé a Radio Madrid y allí tenían también el disco... ¡Ya tengo sintonía!

No iba a ser tan fácil. El día en que comenzaba el programa, me levanté muy nervioso. Comí antes de lo normal, quería estar en la radio a las dos de la tarde. Era la una y media cuando sonó el teléfono. La voz de Relaño sonó alegre y distendida:

—¡Pelé —me llama así—, vente a comer, que queremos hablar contigo!

—Ya comí —le dije—, pero salgo para allá.

Relaño y Lama estaban en un restaurante de la calle Preciados, *El Rincón de la Ternera.* Me dieron un poco de coba al llegar, ánimos, ideas... todas esas cosas que se dicen al debutante. En unos minutos Lama comenzó a sugerirme que la sintonía podía ser problemática. Relaño cogió rueda y enseguida capté que me llamaban para que no pusiese esa sintonía.

Nunca he sido buen diplomático. Salté como un resorte y les dije que sin esa sintonía yo no hacía el programa. Pensé que si me cambiaban la sintonía antes de comenzar, terminarían por cambiarme todo. Relaño se cabreó bastante y llegamos a la radio discutiendo casi a voces por el pasillo.

Y en ésas apareció Delkáder:

—¿Qué pasa? —nos preguntó—.

—A éstos, que no les gusta la sintonía —contesté yo muy alterado—.

—Enséñamela a mí.

Entramos los dos en un estudio, solos. Puse el cartucho y comenzó a sonar la guitarra de Benito Moreno. Tuve miedo de que tampoco le gustase a él.

Augusto se recostó sobre la mesa de sonido y escuchaba con atención. Yo pensaba a toda velocidad qué le iba a decir cuando moviese la cabeza diciéndome que la sintonía era un disparate, como decían Alfredo y Lama. Pero no movió la cabeza.

Esbozó una sonrisa y me preguntó

—¿A quién dices que no le gusta?

—A ésos de ahí —señalé hacia la puerta con la cabeza, sin querer dar nombres—.

—Pues a mí me parece fenomenal.

—A mí también.

—Pues venga, no pierdas tiempo en esto... ¡Haz un buen programa!

Comencé lleno de nervios, ilusiones, ambiciones... ¡Tenía tantas ganas!

Sabía que tarde o temprano llegaría la agresión, ¡pero no tan temprano!

Fue a raíz de aquel partido Brasil-Chile. Una bengala cayó junto al portero chileno, Rojas. En las imágenes de televisión se veía la bengala, el humo y al portero Rojas tendido en el suelo. Los jugadores chilenos se agolpaban a su alrededor y terminaron por retirarse del campo de fútbol, pretendiendo que se diera por perdedor a Brasil. Rojas apareció con la cara ensangrentada.

Recuerdo que Jorge Valdano me dijo:

—No te lo creas, le derramaron un frasco de mercromina y en el vestuario el masajista le hizo un corte para simular la sangre.

García, en su programa, defendió la tesis de dar a Brasil el encuentro por perdido como agresores. Relaño defendió en *El Larguero* la tesis contraria.

García se mofó de Relaño diciendo que era un tipo que apenas sí llegaba al larguero... ¡Quién fue a hablar!

Fue la primera. La teoría de Galdón era que nunca deberíamos contestarle.

Al poco tiempo llegó aquella decisión de Ángel María Villar, cuando cesó por decreto al presidente de los árbitros, José Plaza, para mayor satisfacción de García. Yo entrevisté a Plaza esa noche. García cogió la grabación de *El Larguero* y se mofó de la entrevista y de las declaraciones de Plaza.

Al día siguiente dediqué los quince primeros minutos del programa a explicar lo que yo pensaba de García. Debí de ser más crudo y duro de lo que me imaginé. Veía las caras en el control y vi que poco a poco iban perdiendo el miedo, ¡no pasaba nada! Se podía hablar del Butano de igual a igual, con sus mismas armas.

Al día siguiente recibí infinidad de llamadas. Muchas de ellas de presidentes de Primera División que me jaleaban: ¡Dale duro!, ¡ya era hora!...

En las redacciones de la cadena SER en provincias se produjo una especie de alzamiento revolucionario. Todos se apuntaban a la lucha y querían que ése fuese el camino a elegir. Me llamaban a casa desde todos los lados. ¡La que se ha armado!, pensé. A mediodía llegó a mi casa Javi —con Luciano, mi mejor amigo—. Le vi preocupado:

—¡Ten *cuidao!*, ese tío tiene mucho poder.

Traté de tranquilizarle.

Llegué pronto a la radio. El ambiente era revolucionario y de euforia.

Paquito era de los más exaltados. Roberto Gómez también parecía feliz. Lama me aconsejaba, como siempre suele hacer:

—Ahora mira, lo que tienes que hacer es...

Me llamaron a las seis de la tarde. Galdón tenía algo que decirme. Subí a la planta noble. Nunca había estado en esos despachos enmoquetados y de mesas amplias y grandes ventanales. Galdón —entonces director general— no quiso recibirme. Me envió una nota según la cual debía pedir perdón a García públicamente esa misma noche. Me negué a hacerlo tratando de ser correcto y conteniendo la rabia.

Galdón estaba en el despacho de la dirección general, despidiendo a Enrique Martín que se iba de jefe de prensa al Real Madrid. Entraron a decirle mi respuesta y mandaron salir a Enrique Martín. Al poco volvieron con su contestación: tenía que leer la nota.

Bajé y me cerré en el diminuto rincón que es el despacho de Deportes. Eché el seguro. De la redacción me llegaban las voces alegres de Paquito, Lama y Roberto. Tumbé la cabeza sobre la mesa. Quería pensar despacio pero no lo conseguía. Pensé en llamar al laboratorio para pedir otra vez trabajo. O tal vez en alguna otra emisora, pero ¿dónde?; ¿quizás algún periódico?... ¿Me darían indemnización?, ¿cuánto?; ¿con lo que me dieran podría seguir pagando la hipoteca? Lo único que tenía claro era que esa nota yo no la iba a leer.

Seguían las risas en la redacción... ¡Dios! ¡Estaba llorando! Me di cuenta cuando una lágrima onduló el papel donde tenía anotados los primeros temas para *El Larguero* de esa noche.

¿Quién hará *El Larguero* ahora?... Paquito. Si son listos se lo darán a él.

Y ¿qué hará Paquito? Seguro que tampoco le tendrá miedo al García, ¡menudo es ése!

Comencé a tranquilizarme poco a poco. Quité el seguro de la puerta y salí:

—¿Pasa algo? —preguntó Roberto—.

—No —traté de disimular—. Es que me han llamado porque se despide Enrique Martín.

Subí las escaleras a la planta noble otra vez.

—Ya lo he pensado.

—¿Y qué? —me preguntaron—.

—No leo eso.

Se lo fueron a transmitir a Galdón. De nuevo mandaron salir a Enrique Martín del despacho. Al poco tiempo llegó la contestación de Galdón:

—Que te lo pienses bien...

—Ya lo he pensado. Ahora que lo piense él.

Me bajé otra vez a la redacción. Ya no supe disimular la pena, pero tampoco quise dar demasiadas explicaciones. Nos pusimos a preparar el programa.

Le advertí a Paco:

—Igual tienes que hacerlo tú.

A las nueve y media de la noche bajó Augusto Delkáder.

—¡Monstruo!, vamos a tomar un café.

Miré el reloj. No me daba tiempo, salvo que me quisieran liquidar y no tuviese que hacer el programa. Algo así le dije a Delkáder. Él me contestó:

—Un café. Tomamos un café y hablamos.

—De acuerdo —le dije, mientras hacía una seña a Paquito para que se acercase y, por lo *bajini*, le susurré—:

—Creo que me largan. Prepárate el programa porque te lo van a decir a ti.

—¡Yo no lo hago! —casi me chilló Paco—.

—Déjate de hostias. Me voy...

Cruzamos la Gran Vía y entramos en la cafetería Zahara Augusto, Relaño y yo.

Relaño me apoyó a muerte durante la conversación. Augusto nos escuchaba; se dio cuenta de que yo nunca iba a abrir el programa pidiendo perdón a García.

Cuando llevábamos media hora de charla, encendió un pitillo y me dijo:

—Joserra, sube y haz el programa... como tú quieras. Y deja claro que nuestro estilo no es barriobajero. Pero no hace falta que pidas perdón a nadie. Mañana ya veremos qué se hace.

Subí e hice el programa.

García no volvió a hablar de la cadena SER y nosotros apenas volvimos a hablar de él.

Con el tiempo me enteré de que Augusto convenció a Galdón para que no me echase así y Galdón decidió echarme en Navidad, al acabar el año, para que la gente no asociase mi estrangulamiento con el Butano. A Galdón le pareció bien.

No obstante, en una comida navideña le pidieron: "Director, ¿por qué como regalo de Navidad no le perdonas la vida a José Ramón?"

La súplica se la hizo Paco Vela, seguro que a propuesta de Augusto Delkáder. Galdón no podía negarse a tal concesión y perdonó la vida a De la Morena.

Yo nunca me enteré de todo eso. Pasaba unas navidades la mar de felices con mis hijas, escribiendo a los Reyes Magos; yo creyendo también en ellos.

En *El Larguero* nos divertíamos y parece que la gente comenzaba a conocernos. Marchamos a la Vuelta Ciclista a España y después al Mundial de Fútbol en Italia.

Luis Aragonés me había sugerido que no le importaría ser comentarista durante el Mundial y enseguida llegamos a un acuerdo.

Marchamos a Italia. La selección de Luis Suárez comenzó jugando horrible contra Uruguay. Suárez había firmado un contrato de cuatro millones de pesetas como comentarista de la cadena SER. Su compromiso estaba en hacernos un comentario en directo, todas las noches durante *El Larguero* y el *Carrusel*. Cuando llegué a Italia, Suárez se negó a hacer los comentarios en directo, tal vez influido por las opiniones de Super-García todas las noches. "Se ha vendido como una mujerzuela", llegó a decir García. Suárez negaba que hubiese firmado ese contrato con nosotros. Me defraudó. No hizo ningún comentario y tampoco pretendió luego cobrar los cuatro millones.

La Selección estaba lejos del hotel de los periodistas. Era una finca, cuyo acceso estaba custodiado por los *carabinieri.* Íbamos allí a verles entrenar, escuchábamos la rueda de prensa de Suárez y después nos pasábamos por un lugar llamado La Casa de España o algo así, donde enviaban todos los días por fax el resumen de la prensa española.

Uno de estos días, regresábamos a comer a nuestro hotel. En España, el país estaba pendiente de si a Super-García lo metían o no en la cárcel. Era una condena por insultos, que al ser reiterativa le obligaba a cumplir la pena e ingresar en prisión. Toda la prensa se volcó con él. Los periódicos le dedicaban sus portadas y él aparecía lloroso y compungido pidiendo el indulto al gobierno e incluso creo que al propio Rey.

Camino del hotel, Paquito me dice:

—¡Hostias, Joserra! ¡Te pone bueno el Butano en *Tiempo!*

Yo no le creí. Pensé que estaban tomándome el pelo. No me cabía en la cabeza que en esas circustancias García se fuera a meter conmigo o tan siquiera se acordara de mí. Paquito leía en voz alta:

—Le preguntan que cuáles son sus relaciones con la Cadena SER y él dice que Galdón es su amigo entrañable, pero que hay un muchachuelo que... —yo seguía sin creerle, pero Paquito insistía—:

—Te lo juro, mira, léelo.

Pensé que pretendían que cogiera el taco de hojas grapadas donde estaban los resúmenes de prensa para tomarme el pelo. Pero Roberto insistió también:

—Es verdad lo del Butano, Joserra.

Cuando bajamos del coche me lo pusieron delante de los ojos y lo leí. Era cierto. Lo consideré tan mezquino, tan injusto, tan a destiempo y tan dañino que me dolió el alma. Toda la profesión pidiendo su indulto y él se permite faltar a un pobre diablo, como yo, que estaba en Italia y que no había vuelto a referirse a él. Le dije a Luis Aragonés:

—Creo que me van a echar.

Al día siguiente expliqué al personal quién era Super-García, al que el Gobierno acababa de indultar y, por lo tanto, no iría a la cárcel. Estaba dolido. Lo expliqué con descaro, con rabia y con indignación.

Mal cóctel para explicar algo. Acabas siendo crudamente sincero porque no filtras las opiniones. Se me venían a la cabeza los nombres de Botines, Belarmo, Calleja... periodistas que se fueron al otro mundo diciendo: "Algún día le daré una hostia..." Pero nunca se la dieron. No les dejaron y tampoco pudieron.

Dije que sabía que iba a llamar a Galdón y que estaba firmando mi despido, pero no me importaba. Era como si quisiese suicidar mi profesión de pura rabia. Recordé aquella cooperativa de Tres Cantos, la agencia de asesoría de imagen de su cuñado, sus amenazas a quien no le bailaba el agua... y terminé diciendo que me importaba un carajo su amistad con Galdón.

Me quedé a gusto después de vomitar todo eso, pero sabía que estaba sentenciado.

Me llamaron al día siguiente por la mañana:

—Debes regresar a España.

—¿Cuándo? —pregunté—.

—Cuanto antes —me dijo una voz fina de secretaria educada—.

Recogí mis cosas apelmazándolas en la bolsa de deporte. No llevaba ni un regalo para las niñas. Todo había sido tan rápido. A medida que pasaban los minutos se iban conociendo más detalles desde Madrid. Galdón me había fulminado y no quería que permaneciese ni un minuto más en la SER.

Quiroga, el técnico, un chico más joven que yo, me llevaba al aeropuerto de Udine. No hablamos durante el trayecto. Al despedirnos, me dijo bastante emocionado:

—Lo siento. De verdad.

Yo quería hacerme el fuerte y le dije, esbozando una sonrisa:

—¡Bah!, no te preocupes.

De Udine a Roma. En el aeropuerto de Roma permanecí siete horas esperando el vuelo de la noche a Madrid. Me encontré con Cortés Elvira y Gómez Navarro que iban hacia Udine.

—¿Adónde vas? —me preguntaron—.

—A Madrid —contesté—. Quieren que mire unos problemas que han surgido para el Tour —noté que no me creían—.

—¿Sólo eso?

No me atreví a seguir mintiendo.

—Puede que también quieran decirme algo sobre unos comentarios que hice la otra noche —añadí—.

Siete horas se hacen muy largas cuando uno está solo. Me dio tiempo a pensar en todo. No podía culpar a nadie porque nadie me había engañado. Ni siquiera a García. Galdón y García eran amigos. Yo sabía lo que iba a ocurrir y acepté el reto. Yo era el culpable, pero no me arrepentía de nada.

Tumbado en unos sillones del aeropuerto, viendo aterrizar y despegar aviones, supe que era el final. Comencé a darle vueltas a la cabeza sobre lo que iba a hacer. Todo me parecía confuso. Tampoco tenía ganas de pelear. Dejaba la mente en blanco viendo entrar y salir aviones. Observaba a la gente llegar, sentarse y luego marcharse. Me fijaba en alguno y me ponía a pensar de dónde sería y a qué se dedicaría, su familia, sus hijos, sus problemas... El tiempo se me hacía larguísimo. Eran las cinco de la tarde. El avión de Iberia a Madrid no salía hasta las nueve de la noche. Yo permanecía ajeno a todo cuanto sucedía en la planta noble de la cadena SER en Madrid.

Augusto Delkáder se había movido con rapidez para salvarme la vida, pero Galdón esta vez no tragó. Con el tiempo me he ido enterando de cosas, pero nunca supe realmente cómo sucedió todo. Delkáder dijo que era un disparate ponerme en la calle por esos comentarios sobre García. García había hablado con Galdón y creo que le dijo:

—Tú verás, a mí me da igual lo que hagas, pero es que te ha faltado al respeto a ti también, diciendo que le importa un carajo la amistad que tengas conmigo.

Galdón amenazó con marcharse él si no me echaban a mí. Llamó a Juan Luis Cebrián. Hubo un momento en que Augusto debió de pensar que tenía controlada la situación, pero Galdón arremetió de nuevo diciendo que o él o yo. Augusto Delkáder también se volcaba en el pulso, que debió ponerse durísimo.

Entre tanto yo esperaba, atolondrado, mi avión en el aeropuerto de Roma.

Cuentan que entre las virtudes de Augusto Delkáder, la paciencia es la más desarrollada. No le importa esperar cuando está seguro de conseguir algo.

Siempre, y como primera medida, gana tiempo. Esta vez no iba a cambiar de táctica.

—Si le echas ahora —le dijo a Galdón—, será un escándalo, dirán que lo echas por meterse con García y quedarás como si estuvieses a sus órdenes. Échalo después, pero ahora va a ser un escándalo.

Este argumento le hizo picar a Galdón y Delkáder consiguió su mejor arma, el tiempo.

Aterricé en Barajas a las once de la noche. María del Mar y Antonio Martín Valbuena me estaban esperando. María del Mar tenía cara de susto y preocupación, pero lo disimulaba bien. Me dio los recados que tenía:

—Llama a Paco Vela, a Manolo Lama, a tu madre, a...

Yo asentía como ausente, tratando de aparentar calma y lo cierto es que la tenía. Estaba tan derrotado que me habían desaparecido hasta los nervios.

Cuando llegué a mi casa sonó el teléfono. Era Luis Aragonés, que estaba con Lama, Xuancar y Paquito González. Lama trataba de aconsejarme y ponerme al tanto de como estaban las cosas:

—Mira —decía Lama—, hace unas horas estabas en la puta calle. ¡Pero ahora no! ¡Se puede arreglar!

—Yo no quiero arreglar nada —contestaba entre el cansancio y la desgana—.

—¡No seas animal! Mira, lo que tú tienes que dejar claro es que no te metiste con Galdón, que iba sólo contra García, y Galdón dejará que te vuelvas a Italia. ¡Hazme caso!

—No creo que sea tan fácil.

—¡Sí!, De la Morena —me chillaba Lama—. ¡Hazme caso!

A la mañana siguiente me presenté en el despacho de Augusto Delkáder. Me recibió con cariño, pero sin ocultar la gravedad de la situación. Me dio una serie de consejos y se metió la mano en el bolsillo de la chaqueta. Sacó un billete de avión:

—Este billete lo he mandado sacar yo. Es para ti; quiero que regreses a Italia.

—No sé si podré...

—¡Claro que podrás! No te irás a rendir tú, mientras otros peleamos por ti.

Me ganó el corazón. Le dije que necesitaba una hora para pensarlo. Bajé a la calle. Vagabundeé por Desengaño, la plaza de Tudescos y me quedé dormido en un banco. Me despertaron unos niños que jugaban, espantando las palomas de la plaza. Miré el reloj: ¡Dios mío! ¡Las once y media! Subí corriendo al despacho de Augusto y le acepté el billete de regreso a Italia.

—Pero ahora tenemos que ir a hablar con Galdón.

—¿Yo? No, eso no...

—¿Cómo que no? Es el director general y debes darle explicaciones.

Galdón me recibió con frialdad. Detrás de la inmensa mesa y el sillón acolchado aún parecía más frío y más severo. Yo me senté delante de él, como un reo que va a declarar ante el juez. Augusto y Paco Vela, que también subió, se sentaron a un lado, detrás de mí, de forma que yo quedaba frente a frente con Galdón y Vela y Augusto detrás, sin que yo pudiera verlos.

Galdón empezó a explicar la pena que sintió cuando me escuchaba, la célebre noche, decir todo lo que dije. No lo escuchaste, pensé yo, te enteraste al día siguiente y mandaste que te enviasen la cinta.

—Sentí pena —decía Galdón—, sentí incomprensión, rabia, vergüenza... es difícil que tú puedas entender lo que yo sentí esa noche.

No me pude contener y le repliqué lo más sereno que pude.

—Sí le puedo entender. Debió ser algo parecido a lo que sentí yo cuando leí en la revista *Tiempo* que usted era como un hermano para el Butano.

Galdón debió sentir ganas de fulminarme directamente. Lo noté en sus ojos, pero es un tipo acostumbrado a estas situaciones y sabe controlarse.

—Mira, lo que tú dijiste sobre García esa noche, en más de un ochenta por ciento, también lo firmo yo; lo que pasa es que no te das cuenta de sus provocaciones y sigues picando en ellas. Por otra parte —cambió el tono de voz—, supongo que no tendré que pedirte a ti permiso para elegir a mis amigos.

Terminó dándome una buena ración de consejos y regresé a Italia.

Guardo una anécdota cariñosa de ese viaje de regreso. Paco Vela, jefe de Programas, amigo y consejero en buenos y malos momentos, dijo que vendría conmigo.

—¿A qué? —le pregunté desconfiado—.

—Para llevarte la maleta a tu habitación.

Cuando llegamos de nuevo a Italia, a aquel hotel de la selección, en los montes de Udine, cerca de los Alpes, estábamos sacando las bolsas del coche y miré a Vela con cierta sorna. Él aceptó la broma enseguida y se lanzó a por mi bolsa. Yo iba detrás:

—Trae, ¡joder! ¡Deja la bolsa!

No hubo manera de quitársela y la llevó hasta mi habitación.

El mundial terminó para la Selección Española en un partido que no mereció perder contra Yugoslavia.

Regresé a Madrid. En Brunete pude ver a mis hijas un día, coger ropa limpia y preparar otra bolsa para marcharme al Tour de Francia.

Ese año estábamos muy ilusionados con Perico, aunque al final resultó ser la explosión de Miguel Induráin. Perico fue tercero.

Perico y Echávarri me preguntaban por todos mis líos y yo se los resumí en un par de anécdotas, pensando que todo estaba olvidado. Ingenuo de mí.

Ese verano lo pasé bien. Estuvimos en Cádiz en un hotel precioso y las niñas disfrutaron de lo lindo.

A mi regreso a Brunete, próximos ya los primeros días de septiembre, recibí las llamadas de algunos directores:

—Oye... ¿es verdad que te echan?

—¿A mí? —contesté sorprendido—. No sé nada.

Me extrañé y comencé a sospechar que venían otra vez malos tiempos. En esos días salió el EGM (Estudio General de Medios) y *El Larguero* alcanzó los 480.000 oyentes. ¡Santo Cielo! Me puse loco de alegría. Me llamaban de la radio para decirme que los de *El País* querían hacerme una entrevista.

Le dije a María del Mar:

—No creo que me vayan a quitar ahora.

Volvieron a llamarme de la radio:

—Oye, que de lo de la entrevista en *El País*, nada.

Me llamaron de la radio un lunes por la tarde. Subí al despacho de Augusto. Venía lleno de proyectos y de ilusiones. Tenía ganas de empezar.

Augusto me recibió como a un hijo que viene de la mili.

—¡Qué bien te veo! ¡Estás muy moreno! ¿Dónde has estado?

Yo le dije que en Cádiz y comencé a hablar enseguida, quería contarle todos los proyectos que tenía para ese año, pero le noté algo raro en la mirada...

—¿Qué pasa? —le pregunté—.

Vi que le cambiaba el gesto y que me cogía por los hombros.

—Joserra, tengo orden de quitarte el programa.

Sentí como un golpazo seco en el corazón. La boca se me llenó de saliva.

Tragué deprisa. Los ojos se me encharcaban. Yo me rebelaba contra esas niñerías plañideras y me enrabieté conmigo mismo. Me concentré en disimular mi estado de ánimo y en muy pocos segundos lo conseguí. Le contesté a Augusto con bastante rapidez y en voz alta:

—Bien... No pasa nada... ¿Queréis que me vaya?

—¡Ni se te ocurra!

Sonreí con ironía:

—Y ¿qué queréis que haga? —le pregunté—.

—Periodismo. Es lo que mejor sabes hacer.

—Pero si no me dejáis...

—No en *El Larguero*... Pero espera, dame tiempo. No cometas errores. Confía en mí.

Bajé a la redacción y traté de dismular lo que sentía. Creo que no lo hice mal. Estuve dando vueltas por ahí hasta entrada la noche, en que regresé a mi casa. A medida que pasaban las horas me encontraba peor. Sentía un vacío en el estómago y constantes ganas de tragar saliva.

Llegué a Brunete y fue un contraste curioso. El pueblo estaba en fiestas.

La gente bailaba en la plaza. Las escalinatas de granito despedían un fuerte olor a churros. Se mezclaban la música de los caballitos con las sirenas de los coches de choque y la voz del hombre de la tómbola. Fue una sensación extraña.

Se lo expliqué a María del Mar quitándole importancia y tratando de disimular mi preocupación. Las niñas dormían.

Salí a la terraza. Puse la radio. Iba a comenzar *El Larguero*. Paquito comenzó lo más natural que pudo, como si fuese un día más. La gente no notaría nada, lo había estado haciendo todo el mes de agosto. Cambié a la competencia. García estaba explicando su amistad con Goyanes y su convencimiento de que era inocente y que le deberían sacar cuanto antes de la cárcel. Paquito conectaba con Barcelona. A Clemente le habían nombrado entrenador del Athletic de Bilbao y ya debía saber algo de lo mío porque soltó un latigazo:

—A ver... ¿Dónde está el De la Morena?, ¿ya le han largado? Si a todo cerdo le llega su San Martín.

No me dio rabia, ni pena. Estaba como anestesiado.

Los primeros días son extraños. Te sientes torpe y tienes la sensación de que entorpeces a los demás. Saqué mis cosas del despachito y me puse en una de las mesas de la redacción. Notas que te compadecen, por mucho que quieran disimularlo. Vienen a preguntarte y te cansas de responder siempre lo mismo. No sabes bien qué hacer. Te cambia el carácter. Me volví más huraño, desconfiado, huidizo, despreciativo. Empiezas a ser cruel contigo mismo y acabas siéndolo con los que tienes más cerca.

Cuando pasan dos meses eres un juguete roto del que ya todos saben su poca utilidad. Fue el momento en que pensé en marcharme.

Había recibido algunas proposiciones lejanas, más o menos informales, pero una tenía cierto fundamento. En Onda Cero querían darle importancia a la programación deportiva. Me llamó alguien por teléfono y me citó en una cafetería. Fue sólo una toma de contacto. Luego las conversaciones avanzaron. Yo no estaba seguro. Ellos me atacaron por el flanco más débil.

—¿Sabes que Galdón ahora es consejero delegado y que no ha permitido que Delkáder ocupe su despacho, aunque él se ha marchado a Canal Plus?

—Eso es una gilipollez —dije yo—.

—¿Una gilipollez? ¡Tú ahí lo tienes estrangulado todo!... Se acabó la SER para ti. Galdón no te perdonará nunca.

Regresé a la radio lleno de dudas. Fui dando un paseo desde ese restaurante, cerca de la calle de Alcalá, hasta la Gran Vía. Al llegar me llamó Paco Vela:

—¿Has estado comiendo con los de Onda Cero, no?

¡Joder!, pensé, ni que lo hubieran televisado.

—¿Quién te ha dicho eso? —pregunté—.

—Suelo estar informado de casi todo.

Delkáder se encontró conmigo en un pasillo. Me echó un brazo por encima.

—Tranquilo, no podemos cometer errores. Tú vas a volver a torear conmigo muy pronto. ¿De acuerdo?

Yo asentí con la cabeza. Me había vuelto un tipo desconfiado. Augusto insistió haciendo la pregunta de otra manera:

—¿Puedo confiar en ti?

Yo volví a asentir con la cabeza.

Me fui a la Vuelta a España. Enlacé con el Giro y después con el Tour. Pero aún no volví a *El Larguero.* Decidimos dejarlo para septiembre. Galdón sale del grupo PRISA en diciembre.

Confieso que tuve miedo. Yo ya no era el mismo. Me habían cambiado demasiadas cosas. Había hecho demasiados esfuerzos para disimular en mi casa, en la radio, con mis amigos. Me faltaba naturalidad. Llegó un momento en que dudé si aún servía para hacer ese programa que yo parí. Las dudas se fueron haciendo mayores y llegué a estar convencido de que ya no servía. Pero tenía que intentarlo. ¡Tenía que convencerme!

Comenzábamos el 2 de septiembre de 1991, lunes. Llamé a Benito Moreno, mi admirado artista de Sevilla.

—Cantante —le dije—. Hoy no quiero comenzar cuando suene la sintonía. Quiero que la cantes tú en directo. ¿Te parece?

Benito Moreno dudó un poco, pero al final, convencido, aceptó.

A las doce en punto se hicieron unos segundos de silencio y oí los rasguidos de la guitarra y la voz fuerte de Benito Moreno entrando al "Ra-Ra-Ra".

Lo demás llegó después. Poco a poco, día a día.

Hoy creo que hemos formado una pandilla de amigos que disfrutan el momento, sin preocuparnos demasiado del *cuándo* o el *hasta cuándo.* Con nuestras penas y alegrías particulares, nuestros temores, incertidumbres, preocupaciones económicas. Somos una familia bien avenida y hasta me atrevería a decir que, durante mucho tiempo del día, somos felices.

José Domingo Castaño es como el hermano mayor. Nos conoce bien a todos. Por eso he querido que sea él quien os los presente a todos, puesto que vais a compartir algunas de nuestras intimidades.

Los protagonistas de El Larguero

—CARLOS BUSTILLO—

Es de esas personas a las que tienes que mirar con ternura y quererle como sólo se quiere a la buena gente. Es de los que están a tu lado, como humanos ángeles de la guarda, sin que te enteres de su presencia. Cuando tengo frente a mí al Busti me doy cuenta de que existen las buenas personas. Y aunque sólo sea por vivir el día con el Joserra, ya se tiene merecido el cielo.

—MANOLETE—

A los niños con pantalones largos, como él, apetece unirlos a tu vida. Le cae de los ojos un montón de sinceridad. En los entresijos de su agenda de nombres y equipos siempre hay una flor escondida y un acordeón de nubes que sólo tienen canción para Pilar.

—EL INGLÉS—

Cada noche, cuando rezamos el *Jesusito de mi vida*, pedimos al cielo de los futbolistas que no le dejen aprender el castellano, que no le quiten el misterio macarrónico de su lenguaje. Quienes le queremos, que somos todos, hacemos votos para que entre el Biomanán y la amistad, recupere para siempre la sonrisa... sin limón.

—EL LOBO—

Es de los recién llegados, pero su aullido de persona íntegra forma parte ya del sonido diario del teatrillo. Regatea lo que le echen y, cuando se tercia, es capaz de mandar al limbo los balones envenenados de algunos que no han sabido catarle a fondo. En el zoo de palabras de la noche, a él hay que ponerle jaula de oro.

—PAQUITO GONZÁLEZ—

Es la vida. Es la fuerza. Es la leche. Nos regala un pedacito de su juventud y de sus sueños para que no se nos mueran nunca las ganas de hacer radio. Estar a su lado es sentir, a pleno rendimiento, el fuego de las ilusiones. Me da vergüenza confesarlo, pero Paquito me tiene comido el coco.

—LAMA—

Todo lo *grande* que es El Lama y lo estrujas, lo aprietas, y te sale un zumo de chaval que te rompe los esquemas. La vida es para él un triple, un gol soberbio, un abrazo de mujer, un sueño de dos niñas, un viaje a USA y un pedazo de *Larguero.*

—GALLEGO—

Es mi protegido. No se lo digáis a nadie, no vaya a levantarse la veda de los celos. Desde que llegó, con el despiste de quien no sabe dónde se ha metido, le coloqué en el lado bueno de las promesas. No me ha defraudado. Se lo merece todo, un micrófono, un montón de amigos, un sitio al lado de la gloria y me atrevería a decir que el amor de la mujer más bella del mundo.

—ALCALÁ—

Tiene mérito este caminante de palabras, con la frente cada vez más amplia, cada vez más limpia. No necesariamente para ser primero, hay que ser segundo. Pero estar en un escalafón, esperando tu opción de lanzamiento y hacerlo con la convicción de que estás inventando la vida, me da permiso para llamarle amigo mío.

—AZUARA—

Es como un cometa mitológico, que siempre está a punto de comerse la tierra. Tiene zumbido de dios, calor de poeta, alma de náufrago sin isla, corazón de león y palabra de honor. Tiene su mesa individual en el teatrillo, porque a los Azuara hay que echarles de comer aparte. Si te dejan, que ésa es otra.

—VALBUENA—

Cuatro años compartiendo carruseles, me da el título de amigo. Cómplice de soles y cambios de hora, buscador de primaveras y golondrinas. A Valbuena sólo le falta darse cuenta de que por dentro y por fuera tiene suficiente potencial para comerse el mundo.

—LALA—

Punto y aparte en la familia. Se te enamora el alma cuando le ves enamorado. Torbellino de palabras, molinero infatigable de conceptos que le explotan en la cabeza y le salen por las gafas y las lentillas. Darle una trompeta y un micrófono a Lala es darle la palanca para creer en la radio.

—RELAÑO—

Que se aparte todo el mundo, que le hagan sitio al dueño de los gestos y de las locuras. Él solito ha demostrado que los hombres también pueden parir... grandes ideas. *El Larguero* tiene con él una deuda, que nos costará pagar con intereses toda una vida.

—DAMIÁN—

Hay voces que han salido a la radio marcadas por el destino. Así es la suya. Voz y voto continuo en hora y media de devaneos con el deporte. Supongo que las gafas no dejan ver su bosque, pero mucho me temo que su pretendida acidez crítica es en el fondo un zumo de naranja con mucho azúcar... del bueno.

—DAVID ALONSO—

Cuando él vino a buscar sitio a esta familia, todas las plazas estaban cubiertas. Que hayamos tenido que inventarle una para él nos hace estar orgullosos. Va para figura, pero ojalá no lo sepa nunca, aunque estas cosas casi siempre se suelen saber.

—ROMERA—

Mi coordinador favorito. Al que le pido cada domingo el gol de mi Depor. El que lleva toda la vida sin vivir. El que aún está empezando a entender que los designios del fútbol los tiene que escribir uno mismo. Por ahora, su letra es buena. Todo un presagio.

—ÁNGEL—

Te asomas a los ojos y ves la profundidad de la ilusión. Va y viene, de campo a gol, de gol a campo, sin salirse de madre, sin alterar el tono del discurso, convencido de que la humildad abre más puertas que la soberbia.

Pepe Domingo Castaño

Diario de un periodista de radio

E N E R O

1 de enero de 1994

"Tranquilo, monstruo, paciencia. Que ni Zamora se ganó en una hora. El 94 te va a traer la alegría de ser el primero. Pero no te lo creas nunca. No cambies nunca, paleto. Nunca".

Quizá sea la despedida de año más bonita que haya tenido en estos últimos años. Fue anoche en casa de Castaño. Junto a la servilleta donde me habían colocado para la cena, encuentro esa nota mecanografiada por Pepe Domingo Castaño. Quise hacerme el fuerte, pero algo debió delatar que me emocionó. Despedimos el año cantando con Emilio José.

En un momento de la cena el Castaño me sugirió:

—¿Cuándo vas a volver a escribir? —me quedé mirándole con una sonrisa de compromiso y complicidad—.

Decido hoy, día 1 de enero, comenzar este diario que ni siquiera sé si llegará a nacer o quedará embrionado entre otros tantos proyectos, o dormirá aletargado en estos cajones de mi buhardilla. O quién sabe si después de doce meses se produce un nacimiento a la luz pública y hasta a alguno de los futuros periodistas le puede incluso servir para conocer mejor cómo es por dentro un año de esta apasionante profesión en la radio.

El 94 ha nacido soleado en Brunete. Mi pueblo también ha tardado en desperezarse esta mañana. En las calles, restos de vidrios rotos señalaban la presencia de botellas vacías que provocaron más de una borrachera. Durante todo el día, el cerebro me ha mantenido puesta en la memoria la película de anoche con los buenos deseos de Pepe Domingo y la ilusión de Emilio José en este año que sacará un nuevo disco. Castaño sigue siendo mi ídolo. Algunas veces le cuento la ilusión que me despertaba él cuando yo le oía en la radio desde Brunete. No sé si me cree, pero se ríe cuando se lo cuento.

Hoy, primero de año, lo he pasado metido en esa monotonía que tanto echo de menos cuando no la tengo. Un paseo con Javi y Luciano, mis amigos de siempre en el pueblo; la comida en casa de mi padre. El abuelo está en las últimas; tal vez este sea su último año, aunque mirándole dormitar en el sillón del que fuera mi cuarto, digo:

—¡Que te quiten lo *bailao* en estos 93 que has cumplido!

Domingo, 2 de enero

Me he ido a la radio temprano esta tarde. Después de comer. Una comida, la de hoy, excelente. Al abrir la nevera he visto un frasco con una perdiz escabechada, regalo de mi admirado Tragacete, el campeón de España de caza. He recordado su frase: "Mi mujer prepara las perdices escabechadas mejores del mundo". Y tenía razón.

Mis hijas reclamaban la presencia de sus primos y pronto, antes de que hubiese terminado el café, he visto como invadía mi paz de sobremesa una manada de críos. En media hora estaba en la radio.

Los domingos, la redacción se queda sola y se disfruta de una paz y un silencio extraños que sólo se rompen con los goles del *Carrusel.* El Barça ha perdido en Gijón. El Albacete gana al Madrid y Floro le echa la culpa al jardinero del Bernabéu por no haber cortado el césped como él se lo mandó. Me ha hecho gracia. La noticia en el Bernabéu era el dichoso césped. Decido que el jardinero es mi personaje para el programa.

Cuando viene Gallego me dice que el Bernabéu se niega a darle el teléfono del jardinero, pero conoce su nombre y los dos apellidos. no nos será difícil averiguarlo.

En media hora ya tiene el teléfono del jardinero. Se llama Pablo Cervantes. Le digo que no le llame hasta última hora para no atemorizarle. Este tipo de personajes que no han sido nunca entrevistados acostumbran a llamar a mucha gente para decirles que van a hablar por la radio y temo que alguien del club se entere y termine por prohibírselo. Si le llamamos una hora antes del programa será suficiente.

Oliveros está en Gijón con el Barça. Esta noche, Michel Basilevich, un tipo que tuvo negocios con Cruyff y que dice estar escribiendo un libro sobre él, va a volver a hablar en *El Larguero.* Le tuve la semana pasada y dijo auténticas atrocidades sobre Cruyff como truhán, interesado, egoísta, manipulador, dictador, mafioso y chantajista, pero esta noche puede ser aún más espectacular.

Oliveros me llama desde Gijón muy nervioso. Cruyff le hace saber que si esta noche entrevisto al tal Basilevich, la cadena SER ha terminado para el Barcelona. Suelto una carcajada. Oliveros sigue dándome explicaciones, dice que Basilevich tampoco es un tipo de gran credibilidad y que lo que tenía que decir sobre el libro que está escribiendo sobre Cruyff ya lo dijo la semana pasada. Me quedo pensándolo y le digo que vuelva a llamarme.

Apenas me da tiempo a pensarlo. Lalaguna me llama desde Tenerife. Tendrá que entrar el primero en el programa porque el avión del Atleti sale poco después de las once y media de la noche.

Vuelve a llamar Oliveros. Cruyff prohíbe hablar a sus jugadores a partir de las once de la noche, pero si no entrevisto a su ex-socio Basilevich, estará Carlos Rexach. Pienso sobre la marcha. Si entrevisto al tal Basilevich, tengo una pistola descargada y a un tío herido, no muerto. Si no entrevisto al Basilevich tengo una pistola cargada y un tío agradecido, y tampoco oculto información a los oyentes. Le entrevisté la semana pasada y dijo cuanto tenía que decir. Le contesto a Oliveros que de acuerdo. No entrevistamos al dichoso Basilevich. Noto en su voz, a través del teléfono, que lo agradece. Al fin y al cabo, el que se las ve con Cruyff es él más que yo.

Al finalizar el programa, camino del aparcamiento, Paquito González —director de *Carrusel* y casi mi hermano menor— no está muy conforme con que Cruyff se haya salido con la suya.

—Pero le tenemos en el libro de los deudores en vez del de los acreedores —le contesto—.

Lunes, 3 de enero

Me ha impresionado Delibasic. Fue uno de mis ídolos. Está estos días en Madrid. Tenía ganas de preguntarle por todo lo que se está sufriendo en estos meses en Yugoslavia. Él ha perdido ya a trece familiares, me ha dicho. Cuando he comenzado a preguntarle, he notado en él algo raro. No sabía si era el vino —estaba cenando con sus viejos compañeros del equipo de baloncesto del Real Madrid— o si era aquel infarto que aún le tiene un poco bloqueado. La entrevista ha sido dramática. Dejaba largas pausas antes de contestar, que a mí se me hacían interminables. He visto que sufría hablando de la guerra en su país. Cuando le he preguntado si había disparado contra alguien, me ha contestado con la voz quebrada:

—Por favor... no me preguntes eso.

Yo me he sentido turbado y no sé bien qué le he dicho. Mañana marcha hacia Italia para intentar entrar otra vez en Sarajevo. ¡Ojalá le vaya bien!

He conocido a Paquillo, un futbolista del Bailén que se lesionó el menisco y al que han detectado una leucemia. Tiene treinta y cuatro años y unas ganas increíbles de pelear por la vida. Me ha dicho que ahora ha conocido lo que vale la salud y le ha dicho a su mujer que si a él le pasa algo, dará todos los órganos de su cuerpo. Me transmitía serenidad y al mismo tiempo ilusión y confianza en la vida. ¡Dios! ¡Cómo deseo que se cure!

Mañana tengo que ver la posibilidad de irme a Almería el lunes y hacer allí por la noche el programa en la concentración de los ciclistas de Banesto. Ha pasado ya casi una semana desde que estalló la crisis de Banesto y el día 10 es cuando se reúnen todos los corredores para iniciar la concentración de pretemporada. No sería mala idea hacer el programa el lunes desde allí con Induráin y Perico. Mañana lo hablaré con Bustillo.

Martes, 4 de enero

El Amalio, redactor jefe de *Marca*, el Chemi, redactor de TVE, y el De la Morena suelen reunirse a comer de vez en cuando con el prestigioso psiquiatra Javier Martín Píes. Debe de ser una especie de terapia de grupo y la verdad es que nos va bien. Últimamente venía también Sergio Sauca (TVE), un gran tipo, pero hoy habíamos quedado con un grupo más numeroso donde estaban Mari Carmen Izquierdo, Gregorio Parra y, sobre todo, *El Pichi*, Azuara. Estos días Pichi está viviendo el cerco numantino al que está sometida la redacción de deportes de Onda Cero y lo está pasando mal. Han nombrado nuevo jefe de deportes a Fernando Soria, como premio al periodismo grisáceo. Lo siento por el Pichi y por todos aquellos que pelearon en esa redacción por un periodismo libre de tiranías. Temo que el mandato de Fernando Soria será una cosa parecida al de Fernando VII en tiempos de Napoleón, aunque tampoco creo que dure mucho.

El Pichi Azuara es lo más parecido a Don Quijote en pleno siglo XX. Y eso, en 1994, cuando Sancho Panza sería un empresario rico, próspero y hasta, tal vez, presidente de un importante club de fútbol, es muy duro.

He quedado con él un día de éstos. Quiero disfrutar sus giros, sus ejemplos, sus citas en latín y sus postulados graníticos a solas. Merece la pena.

He llegado a la redacción pasadas las cinco de la tarde. Alcalá estaba leyendo algo y ha levantado la vista y ha hecho un gesto como si quisiera contarme algo. Luego se ha vuelto a sentar, pero yo me he dado cuenta y he ido a preguntarle.

Juan Antonio Alcalá es buena gente. Tiene madera de periodista y tiene claro por qué camino quiere ir. Lo que no tiene aún es mala leche. Este mediodía, en el *hall* del hotel donde estaba concentrado el Atlético de Madrid, Emilio Cruz, nuevo entrenador del Atlético, le ha montado una escenita propia de un chulo de gimnasio.

Parece que alguien le fue con el chisme de que Alcalá había hecho no sé qué comentario sobre él y hoy, cuando le ha visto, ha comenzado a insultarle delante de todos y levantando bien la voz. Alcalá no le ha replicado. El Emilio Cruz, con esa pinta de bombero cachas y encima chillando como un poseso, debe imponer. Alcalá ha aguantado sin hacerle demasiado caso, pero sé que le ha herido.

Cuando me lo ha contado esta tarde, he sentido rabia e impotencia. El Emilio Cruz que yo conocí no era mal tipo. Un tanto chulesco y agrandado, pero nada más. Incluso creo que podría hasta ser un buen entrenador, pero se hizo íntimo amigo de Clemente y creo que socios en algún negocio, y se ve que le ha copiado sus principales defectos: la altanería y lo pendenciero. No he podido olvidar aquella noche que le invité al programa cuando era un don nadie y no vino porque entre Clemente y el García se lo prohibieron. Pensé que tendría más personalidad y lo desprecié como algo inútil. Luego sé que tuvo problemas psíquicos, que estuvo entrenando en el Toledo y que el padre Daniel, el cura del Atlético de Madrid, pretendía amigarnos.

Hace unos días, el hijo de Gil me llamó para decirme que estaba organizando una comida en la que pudiéramos hablar de frente y él en medio... Pero después de lo de hoy, me he terminado de convencer de su chulería.

Por cierto, el Atlético ha empatado a dos en el Bernabéu y el Barça le ha dado un repaso al Spórting en Gijón, 0-3. Eran partidos de esta disparatada Copa del Rey, que no sé quién está empeñado en que pase inadvertida.

Mañana, vísperas de Reyes, no voy a la radio. Ya hasta el domingo no tengo función. ... A ver si me relajo un poco estos días.

¡Jorobar! ¡Qué helada está cayendo esta noche!

Miércoles, 5 de enero

Me he levantado tarde con la intención de aliviar sueño atrasado. A las 4 he llamado a la radio. Llamo al teléfono directo del despacho. Lo coge Alcalá. Noto su voz entrecortada. Está llorando. El Emilio Cruz le ha provocado en la rueda de prensa para terminar abalanzándose sobre él. Antes de llegar a agredirle, ha debido pensar —de tarde en tarde se ve que lo hace— y le ha propuesto entrar a su despacho para discutir su enfrentamiento. Una vez dentro, ha cerrado la puerta y se ha abalanzado sobre él cogiéndole del cuello hasta casi asfixiarle. El padre Daniel, el cura del Atlético de Madrid, no sé cómo, pero ha logrado entrar en el vestuario de Emilio Cruz y ha impedido el estrangulamiento.

Tengo tal calentón de rabia e impotencia que no sé por dónde arrancar.

Me llama Miguel Ángel Gil y propone pedir disculpas a Alcalá como director general del Atlético de Madrid. Necesito dejar pasar un poco de tiempo. Las decisiones en caliente suelen ser malas, pero la rabia ahora no me la calma nada. Estoy pensando en presentarme mañana en el entrenamiento del Atlético de Madrid y decirle que yo también quiero hablar con él "en su despacho".

Paquito es inteligente, pero también tiene el pronto latino. Lama es más partidario de enfriar el asunto. Optamos por dejar a Miguel Ángel Gil pedirle perdón públicamente a Alcalá esta noche en *El Larguero*, que además es quien presenta el programa. Yo les llamaré desde mi casa.

Miguel Ángel Gil está diplomático. Pide disculpas a Alcalá, pero intenta justificar a su entrenador. No se lo consiento. Me parece tan injusto que he saltado un poco fuera de tono. Quizá no tenía que haberlo hecho así, pero me carcomía la rabia y la injusticia.

El Emilio Cruz había estado hablando en Radio España y en el colmo del cinismo ha llegado a decir que estaban solos en su vestuario y que quién puede asegurar lo que allí pasó... En todo caso, sería la palabra de uno contra la de otro.

He llegado a la conclusión de que esta selva devora a las buenas personas como Alcalá. Y yo, que aspiraba a ser buena persona, sólo eso y nada más que eso, sobrevivo, con lo cual, no debo de ser buena persona... pero ha pasado tanto tiempo que quizá es que ya no me conformo con sólo aspirar a ser buena persona... ¡Yo qué sé!

Tengo que preparar los juguetes de las niñas. Esta noche llegan los Reyes. Todo este tinglado me ha arrancado de cuajo la ilusión de la noche.

Sábado, 8 de enero

Hoy no era día de apuntes. Lo considero inhábil. Estoy de vacaciones hasta mañana domingo. Pero no quería dejar sin anotar en esta fecha la muerte de Pepe Bermejo. Me enteré anoche por la radio. Le han enterrado esta mañana en el cementerio de la Almudena, cuando más llovía sobre Madrid. Pepe Bermejo no tenía hijos, sólo tenía a su mujer y algunos sobrinos. Tampoco tenía enemigos. Yo lo recuerdo de escucharle en el internado aquellas transmisiones del Atleti en los torneos veraniegos. Narrando era muy bueno. Cuando llegué a la SER me le quedé mirando anonadado un largo rato. No sé porqué será, pero a la gente de la radio nunca la imaginas como es. Pepe Bermejo era amable y nada polémico. Tenía un bigotito fino y se mesaba algunos pelos, casi todos blancos, hacia atrás, para proteger un poco la calva del frío.

¡Es curioso!, no me había dado cuenta. Pero le tengo aquí, en frente, en una fotografía, con sus gafas de sol con montura dorada, frente a un micrófono de aquellos antiguos.

He vagabundeado un poco por los alrededores del pueblo. Me ha cogido la lluvia reflexionando que, al fin y al cabo, este día pasará a la historia del deporte por los cinco goles que esta noche le ha metido el Barça al Madrid en el Camp Nou. ... Claro que Pepe Bermejo simpatizó siempre con el Atleti.

Domingo, 9 de enero

He recibido una carta desde una residencia de ancianos. Es una señora que me escribe porque a su marido dice que le da corte hacerlo. Me cuenta cómo cada noche se quedan "al otro lado de *El*

Larguero" haciéndonos compañía. Parece que lo pasan bien y que hasta les resultamos medio útiles. Las últimas líneas de la carta son dubitativas; no sabe si atreverse. Acaba preguntándome si tenemos alguna máquina de escribir usada, que a su marido le vendría ideal para poder hacer algunos trabajillos para estudiantes, dice. La mujer me envía una fotocopia de su carné de identidad y todo.

Me ha llegado dentro. Creo que algo podremos hacer. Cuando en la redacción se impusieron los ordenadores, retiraron todas las máquinas de escribir. Es posible que alguna quede por ahí. Le he encargado a Bustillo la *adquisición*. Sé que a él, estas cosas también le llegan.

En la calle no se habla de otra cosa que del 5-0 del Barcelona anoche. Inocencio Arias, el director general del Real Madrid, ha declarado que "El Madrid jugó de forma irritante, frustrante y decepcionante". Pero eso ha debido ser antes de recibir alguna llamada *orientativa*. Por la noche me da la sensación de que no ha querido ponerse al teléfono durante el programa.

Mañana regresa Mendoza. Hay directivos muy nerviosos. Se vuelve a cuestionar la continuidad de Floro.

Le digo a Bustillo que suspendemos el viaje a Almería donde mañana se concentran los ciclistas de Banesto. Si todo sigue igual, viajaremos el martes para hacer el programa esa noche desde allí con Perico e Induráin. Además, el martes da una rueda de prensa Mario Conde, la primera después de la intervención de Banesto, aunque a Echávarri ya le han dicho que el equipo va a continuar.

Esta noche me duele la cabeza horrores. Me costará dormirme... y con esta lluvia.

Lunes, 10 de enero

Me da pena por el Pipi. El Pipi es José Manuel Estrada, un chico que trabajaba de *disc-jokey* en una discoteca y al que García convirtió en periodista porque le necesitaba para el equipo de fútbol sala del torneo de medios de comunicación.

El Pipi se ofreció al Atleti de Gil como testigo de una conversación (que no oyó) y en la que Tomás Reñones se metía con un linier del árbitro Urío Velázquez, en Tenerife. El comité de competición sancionó con un partido a Tomás y el Atleti recurre poniendo al Pipi por testigo de la conversación, donde éste dice que fue el linier quien insultó a Tomás.

A media tarde me llama Alfredo Relaño y me cuenta que ha encontrado unas imágenes clarísimas en las que se ve cómo el Pipi está entrevistando a un futbolista a más de cuarenta metros de donde Tomás discutía con el linier.

Visto en televisión, me ha resultado sonrojante. El Pipi no tiene mala intención, pero le gustan los líos más que una charca a un marrano.

He puesto la cinta en *El Larguero.* Era la voz de Lewin en *off*, pero resultaba esclarecedora. Seguro que el Pipi se habrá cabreado conmigo, pero también estoy seguro de que habrá gente que no habrá podido ver Canal Plus esta tarde y que cuando se lo hayan contado habrán venido esta noche a *El Larguero* a enterarse. Y esa gente a mí me preocupa más que el Pipi. Y en el fondo le aprecio, lo sé.

En el Madrid no han cesado a Floro, pero no tardarán. Eso ya está muy maduro.

Oliveros ha estado persiguiendo a Stoikov. Es increíble cómo trabaja el Oli. Alfredo Relaño solía decir:

—Con el Oli siempre tienes asegurado, al menos, el empate.

Y es verdad. Al final Stoikov no ha querido quedarse al programa, pero Oliveros le ha grabado unas declaraciones diciendo que “Polonia ganó 5-0 al Madrid”, para luego añadir que “ganaron los pobres”. Se ve que Stoikov no tiene muy claro todavía dónde están los ricos y los pobres en España, pero es igual. El Oliveros es un monstruo.

Mañana viajaremos a Almería. Antes, que no se me olvide, tenemos la comida con Tere, que fue algo así como mi segunda madre en la radio. Se ha jubilado.

Martes, 11 de enero

La comida con mami Tere ha sido entrañable, aunque faltó Relaño. Por la tarde hemos viajado a Almería. Nos recibe un tiempo agradable en contraste con el frío de Madrid.

Llegar al hotel del Banesto y encontrarte a todo el equipo ciclista, fusionado con el antiguo Amaya, es una sensación especial. Da alegría ver a todos esos amigos. Los mecánicos, Enrique, Luengo, Carlinches... Los masajistas, Vicente Iza, Gabino, Manu... El doctor Padilla, Perico, Induráin; Mínguez, Echávarri... Son gente con la que, al final del año, entre unas cosas y otras, casi has pasado tres meses conviviendo y llegas a tener una amistad especial.

Induráin está más gordo. Me dice que no se ha privado de turrones ni de nada. Perico sigue como siempre. Me pregunta si tiene línea el Motorola que me ha regalado por Reyes. A Echávarri le veo como más preocupado, aunque hoy, mientras Mario Conde se justificaba en una rueda de prensa, que ha tenido pendiente a todo el país, Martín Rivas, vicepresidente de la Asociación Deportiva Banesto, ha venido también a Almería para decirle que el equipo iba a continuar como mínimo los dos años que tiene firmados. Les he visto tranquilos y luego nada preocupados por su futuro.

Mientras cenaba con Ruano y Bustillo, me llama Lama. Quiere que hable con Mendoza. Corre el rumor de que el viernes presenta la dimisión.

Llamo a Mendoza. El teléfono lo coge Jeannine, su mujer:

—Espera, que el presidente está harto hoy.

La voz de Mendoza se oye con otro tono y un poco lejana, lo cual me hace pensar que está en un teléfono inalámbrico:

—No dimito —me dice sin preguntarle—. ¡No sé quién coños ha dicho esa gilipollez!, pero es un bulo. Lo que pasa es que estoy hasta los huevos de todo esto. Me aburro, ¿sabes? Mira, chaval, me apetecen otras cosas ya, pero me aburre y entristece todo esto. Ya no tengo ganas de entrar al vestuario y ver la cara del triste ése (Floro). Y, encima, ¡la que me han armado los jugadores! El viernes daré una rueda de prensa. Antes, no; antes no digo nada. No... ¡Ni en *El Larguero* ni en ningún sitio!... ¿Dimitir el viernes? Ahora mismo te digo que no, pero ¡yo qué sé lo que haré el viernes!

Le noto aburrido, abatido y cansado, pero deduzco que si no le elimina el Atleti de Gil el jueves, éste no dimite. Le propongo una entrevista en *El Larguero*. Me dice que el domingo. Creo que será mejor el lunes, pero quedo en confirmárselo.

Durante el programa Induráin, Perico, Mínguez y Echávarri se muestran asombrados por el follón del Madrid. Mínguez es un fenómeno. Da juego incluso cuando hablamos de fútbol. Le veo que se divierte cuando le aprieto a Echávarri preguntándole por Mario Conde.

—Tiene muy buena muleta —dice Mínguez, divertido—.

Esta noche me encuentro menos cansado, a pesar del día que llevo y la precipitación del programa, pero me gusta esto de hacer la radio estilo titiriteros. Llegar, montar el lío de cables en una habitación, ver al Ruano con sus gafas de Gepeto y al Bustillo preocupado por todo, pero especialmente por que no se corte la comunicación. Es una forma arriesgada, pero emocionante y viva de hacer el programa.

Miércoles, 12 de enero

A primera hora de la mañana hemos regresado de Almería. Madrid está envuelto en una neblina y hace frío. Los periódicos abren sus portadas con Mendoza y el cisma del Madrid. Esto, los deportivos. *El País* y los otros continúan con Mario Conde.

Observo que *AS* destila buena información y muy certera de las posibles intervenciones de Mendoza. *Marca* también, pero lo hace desde otro ángulo. Es más ácido e incluso a veces duro con Mendoza. Deduzco que el presidente del Real Madrid le está dando información personal a Julián García Candau, director de *AS* y amigo suyo. Eso ha debido provocar molestias en *Marca* y de ahí la cruzada de ese reportaje que ayer publicó José Vicente Hernáez. Era letal por lo esclarecedor de la situación.

Me llama Damián:

—En el domicilio de Mendoza están comiendo los directivos del Madrid.

Llega Gallego y dice que los cuatro capitanes, Chendo, Míchel, Sanchís y Butragueño, han ido a ver al presidente.

He ido a ver a Ramón Gabilondo. Me preocupan algunas cosas del Mundial de Estados Unidos que aún no tengo claras. Después hemos tenido una reunión en la redacción. Lama también está preocupado. Tampoco él tiene claro cómo vamos a hacer algunos programas. Yo quiero a Paquito conmigo en Chicago.

Subo a hablar con Delkáder. El director general tiene cara de cansado. Me escucha con atención. Mira el calendario, llama a su secretaria y convoca una reunión para el próximo miércoles. Dejaremos todo claro.

Cuando bajo otra vez a la redacción Paquito y Lama me dicen que llame a Mendoza:

—Llámale. Por lo visto, casi salen a hostias entre ellos después de la comida de los directivos.

Llamo a Mendoza. No está en casa. Tampoco en el club. Recuerdo un teléfono de coche. ¡Ahí está! Lo coge él. Se oye ruido de cláxones. Va hacia el hotel de los jugadores. Le pregunto por esa reunión en su casa y le comento de entrada lo que ya saben en la redacción. Contesta desilusionado y forzando la ironía:

—¡Hay que joderse!... ¡Ya lo han soltado todo! ¡Y habían quedado en que todo lo que allí se hablase sería secreto!

Quedamos en que viene al programa el lunes. El viernes es la rueda de prensa. El sábado es mal día y el domingo hay jornada de liga. El lunes es el día.

El Inglés me ha llegado a las 12 menos cinco. Ha entrado al despacho y se ha derrumbado en la silla. Ha querido gastarme una broma para sonreír y en seguida ha añadido una disculpa:

—Perdona que no te haya llamado antes... —luego ha seguido—: El otro día, cuando entrevistaste al futbolista ese que tenía leucemia, me tuve que salir del estudio. Ya lo viste.

He notado que los ojos, que ya traía muy rojos, se le han ido humedeciendo:

—Es que ya te dije que estoy preocupado con mi mujer. Está enferma y no sabemos muy bien qué es. Nos dan los resultados en marzo.

Yo he intentado despreocuparle, sabiendo que no serviría de mucho. He mirado el reloj. Bustillo entraba en el despacho:

—¡Oye, faltan treinta segundos!

Hemos ido hacia el estudio. Por el pasillo, Míchel se ha ido animando con Manolete, Paquito, Damián y Gallego, que le iban poniendo al día de la crisis del Madrid.

He comenzado el programa recordando a Álvaro Rodríguez, el chaval de Málaga que nos hacía el baloncesto. El domingo comenzó a dolerle la cabeza. Una meningitis. Ha muerto esta madrugada. Hacía tiempo que yo no rezaba por las noches y ayer lo hice por él. Yo no le conocía. Ha sido Bustillo el que me ha ido contando estos días. Pero he sentido algo así como... rabia.

Jueves, 13 de enero

Esta noche vamos a abreviar. El Madrid le ha ganado al Atleti 2-3 en el Calderón. Le elimina de la Copa del Rey y esto cambia el ambiente y los decorados para la rueda de prensa que tiene anunciada mañana Mendoza.

En el programa he visto a Gil ir animándose poco a poco. Al final ha terminado contándonos el día en que unos atracadores se presentaron en su casa y terminó haciéndose amigo suyo.

Mañana tengo una conferencia en Toledo. Les he avisado que si las cosas en el Madrid empeoran no podría asistir. Creo que con la victoria de esta noche, Mendoza, mañana, dejará todo como está y se dará un perfume con el resultado de hoy. O sea, que mañana viajaré a Toledo.

Domingo, 16 de enero

A Lama le han filtrado que los cuatro capitanes del Real Madrid le han pedido a Mendoza que cese a cuatro directivos. Fue el miércoles. Le vi a Lama hablar por teléfono y tomar notas poco antes del programa.

Parece que no es cierto. Butragueño se ha lanzado a por el micrófono de Gallego sólo para desmentirlo. Mendoza me despertó el sábado a las nueve de la mañana y dice que eso es una canallada y que a Lama le han utilizado.

Esta noche, después del programa me quedo con Manolo a esperarle. Sigue convencido de que eso es cierto y me dice que fue Sanchís concretamente el que le pidió a Mendoza que cesase a esos directivos. Yo no le creo. Le sugiero que tal vez fue Mendoza quien contó ese *farol* a sus directivos, pero que estoy seguro de que los jugadores no le pidieron eso. Ahí coincide conmigo.

—Puede ser —me dice Lama—, pero te juro por mis hijas que quien me lo ha contado, a mí no me engaña... y Mendoza les dijo a sus directivos que los jugadores le habían pedido que cesase a esos cuatro que te he dicho.

Entre esos cuatro está Jorge Moratalla, hermano de mi amigo Amalio. Me resulta chocante que sean cuatro directivos *adictos* a Lorenzo Sanz y que ninguno de los cuatro sean demasiado *caciques* o tengan demasiada relevancia. Es extraño. Está claro que la filtración viene de alguien alineado en las filas de Mariano Jacquotet.

—Si piensas que me lo ha dicho Mariano, te aseguro que no ha sido él —me dice Lama—.

Han estado bien esta noche los de Barcelona (Oliveros y Segura). Esperaron al Barcelona en el aeropuerto. Venía de empatar en Sevilla y nos enteramos de las lesiones de Stoikov, Bakero y Sergi y de las anotaciones que escribió en el acta el árbitro Marín López sobre la expulsión de Romario.

Entre tanto, en la COPE, Emilio Cruz anunciaba que se iba.

El Atleti ha vuelto a perder, hoy con el Rayo, y Emilio Cruz dice que dimite. El periodista le decía:

—Te vas con toda la honestidad del mundo...

Con toda la honestidad del mundo, pero con una sola victoria desde que llegó y eliminados en la Copa. Pienso yo.

Lunes, 17 de enero

He llamado a Jorge Moratalla. Me da su palabra de honor de que Mendoza no les dijo que los jugadores les hubiesen pedido el cese de esos cuatro directivos entre los que está él. Le insisto mucho y se ratifica en ello. Empiezo a pensar que hayan podido utilizar a Manolo.

El director de la cadena SER, Augusto Delkáder, me insiste en que suba a cenar con él y Ramón Mendoza en el comedor de la SER, a las diez y media.

Mendoza llega con quince minutos de retraso. Viene eufórico. Ha estado en un programa de Telemadrid y dice haber quedado muy bien.

La cena es breve. A Augusto le veo cara de muy cansado. Sin embargo, Mendoza se muestra dinámico y locuaz. Cuando le hago alguna pregunta atrevida, sube la guardia:

—Eso no te lo voy a contestar ni aquí ni en el programa.

Trato de que se relaje conmigo, pero viene tan eufórico de la tele que me resulta difícil. Augusto observa y escucha mis intentos de reconocer el terreno.

Bajo cuando faltan cinco minutos para comenzar el programa. Lo había dejado todo planificado antes de subir. Damos un repaso al guión. Todo está en orden. En el estudio hay más o menos la gente que otros días. En el pasillo Delkáder se cruza con Lama:

—Manolo, me parece que te han metido un gol...

Durante la entrevista, Mendoza trata de soltarme su mitin y yo intento evitarlo. Quiero saber si ha cambiado algo durante estos días en este hombre camaleónico, según las situaciones, actor maravilloso, capaz de invitar a comer en su casa a los amigos que le están traicionando el mismo día que lo hacen.

Descubro que no ha cambiado nada. Que va a seguir mandando él y que el futuro no le importa demasiado, porque todos sus verbos ya los conjuga sólo en presente de indicativo y en primera persona.

Cuando salgo del programa, Bustillo me cuenta que García ha estado contando la cena a Mendoza en la cadena SER, según él para preparar la entrevista, y que Delkáder ha abroncado a Lama. Trata de hacer creer a la gente que a la redacción de la cadena SER la amordaza Mendoza. Me hace gracia y no me molesta. Es lógico que juegue esa carta.

Me dicen que alguien le ha contado a García parte de la realidad y que él la ha distorsionado. Lama sospecha de alguien del público. Yo sé que no. Yo sé quién ha sido y por qué... aunque por el momento no me preocupa.

Martes, 18 de enero

Parece que se van tranquilizando un poco las cosas. Mendoza debe de estar de gira. Esta noche ha estado en el programa televisivo de Iñaki Gabilondo.

Me llamó Iñaki a eso de las diez de la noche:

—Joserra, seguro que a ti te pasa como a mí, que las mejores preguntas se te ocurren el día después de la entrevista... Dime qué se te ocurre de Mendoza.

Le cuento que lo mejor es que le pregunte en el plano personal. Será más entretenido e interesante y, además, evitará que le suelte un mitin sobre las cinco ligas ganadas.

Me ha llamado también José Javier Santos. Hacía tiempo que no sabía de él. Quiere enviarme un cámara para grabar un par de preguntas a Mendoza. También él le lleva a Tele 5 mañana. Lo dicho, Mendoza está de gira.

Hace un frío espantoso estos días en Madrid. Llevo sin ver a las niñas desde el domingo. Cuando ellas se van al colegio, muy temprano, yo estoy durmiendo. Las oigo llegar entre sueños y darme un beso sin hacer ruido, se me queda el olor a jabón y colonia que les acaba de poner su madre. Entre risas y susurros siento cómo salen de mi habitación y corren por el pasillo.

Cuando llego por la noche, ellas ya llevan durmiendo cinco horas. Entonces soy yo quien les da un beso sin hacer ruido.

Ruth duerme boca abajo, abrazada a la almohada. Lucía, al contrario, duerme boca arriba con un gesto complaciente y despreocupado. Algunas noches, como ésta, se despierta y dice como si soñara:

—¡Hola, papá!

Miércoles, 19 de enero

C.G.P. es el presidente de una compañía que hace tiempo ofreció los cuarenta millones de pesetas necesarios para el viaje y la operación de una niña de dos años con una gravísima enfermedad.

Hoy habíamos quedado para comer. C.G.P. es una persona amable, asequible, que intenta no despojarse nunca de un abrigo de humildad en el que yo creo que se protege. Tiene algunos rasgos pronunciados en la cara: ojos profundos, boca grande, con la que gesticula sus muecas de disgusto, duda o aprobación. No exagera la sonrisa y cuando lo hace muestra una fila blanca de dientes perfectamente alineados.

Debe de estar en torno a los cincuenta años y me gusta hablar con él, aunque le ametrallo a preguntas.

Me cuenta, en lenguaje parvulario, cómo es el mundo de las altas finanzas y cómo son los tiburones que nadan en esas aguas. Habla con voz pausada y ligero acento gallego. No gesticula demasiado, pero transmite confianza. Algunas veces me pregunto cómo este hombre de buen corazón y gesto amigable podrá defender el imperio que maneja entre la selva que se mueve. Creo que es por la confianza que transmite al hablar y la astucia que le imagino.

Le prometí no dar su nombre nunca ni hacerlo público y lo he cumplido. Imagino que si hubiéramos dado su nombre le habrían atosigado a llamadas de socorro para casos parecidos al de la niña de Jaén. De hecho, yo recibí muchas llamadas con historias parecidas. Bustillo se desesperaba y yo padecía la impotencia de no saber qué contestarles ni cómo ayudarles.

En la comida, le apunto que entiendo bien por qué nunca quiso que se supiera su nombre. Estaba moviendo el azúcar en el café y levantó la mirada arqueando las cejas:

—No, hombre, no... Mira, si se te presenta un caso parecido, que tú estés seguro de su veracidad, no dudes en decírmelo.

Yo he debido de poner cara de asombro y él ha sentenciado:

—Cuando llegas a determinados niveles, te das cuenta de que el dinero sólo sirve para resolver cosas así... Lo demás, no creas que merece la pena demasiado.

Jueves, 20 de enero

Son casi las cuatro de la mañana. He estado con José Miguel Echávarri hasta las tres tomando café en el VIPS. Hoy era el personaje del día. El diario *AS* publicaba que Echávarri había pedido 500 millones a TVE para que Induráin corriera la Vuelta.

José Miguel sonreía con ironía:

—Mira, eso fue en el mes de octubre. Televisión me dijo que quería quedarse en exclusiva con los derechos de imagen del récord de la hora de Miguel y yo le dije que les ofrecía más: dos vueltas a España que corriera Miguel y comentadas en TVE, un video sobre su carrera deportiva, un libro... Varias cosas, ¿sabes? Y cuando se habla de presupuestos, salió esa cantidad de 500 millones. Luego se cabrearon porque Miguel no pudo ir a la presentación de la Vuelta en Valladolid.

Recordarás que estaba en Polinesia y que regresaba precisamente ese día. Y vienen y me dicen que retiran esa oferta. Me pareció una pataleta, pero, vamos, tampoco me preocupa...

Echávarri habla convencido de lo que dice mientras mueve el azúcar en un té recién servido. Mañana, los equipos ciclistas tienen una reunión en la que van a decidir si apoyan a Banesto en su pelea con Unipublic (la empresa que organiza la vuelta). Unipublic, sabiendo que los equipos están ahora desunidos entre ellos, les ha puesto unas condiciones a cumplir si quieren participar en la Vuelta: Banesto sólo podría participar si corre Induráin.

Echávarri sabe que el director general de Unipublic, Enrique Franco, ataca ahora que les ve desunidos:

—Es muy listo, sabe que este es el momento. Pero yo pregunto: ¿se van a atrever a dejar a Perico Delgado sin correr la Vuelta de su retirada? Ésa es mi carta guardada. Ahora —me dice con gesto de rabia y como rebelándose por la impotencia—, ¡Miguel no va a correr la Vuelta!

Le acompaño hasta el coche. Hace un frío seco espantoso. Los barrenderos limpian las calles desiertas de Madrid. Un reloj digital marca las tres menos cinco y a continuación marca dos grados bajo cero.

—¡Oye! —me dice al despedirnos—, me ha estado llamando el Butano toda la tarde. No sé qué es lo que quería, porque me ha dejado una nota diciendo que no era para el programa.

Rápidamente me ha venido a la cabeza el récord de la hora y sus negociaciones con TVE. Supongo que le interesará negociarlo con Antena 3 TV.

Domingo, 23 de enero

He ido a ver al abuelo. Es impresionante ver cómo el ser humano se va arrugando y encogiendo con los años. Al abuelo no se le ponía nada por delante y ahora le veo encogido en ese sillón, renegando porque quiere irse a su vieja casa llena de humedades y desconchones en las paredes. Desde que murió la abuela no volvió a ocuparse de la casa para nada. Aún así quiere volver allí y, si pudiera, se abriría paso a bastonazos y se encerraría en esa casa, como si fuese su último reducto conquistado.

Apenas hemos hablado. Ya no oye la radio y sabe algo de mí por los anuncios del programa en la prensa y cuando, de tarde en tarde, aparezco por alguna casualidad en televisión.

Por un momento, he visto, como si de un documental se tratara, desfilar a gran velocidad por mi cerebro infinidad de recuerdos: veranos (el monte, caza, conejos...), Navidad (el tren eléctrico, la bicicleta, aquel coche a pedales que me hizo enloquecer), las fiestas del pueblo en Villamantilla (los encierros, el baile en la plaza)... Aquellas comidas multitudinarias en casa de la abuela, donde parecía como si se picaran en el pueblo por ver quién invitaba a más gente.

Villamantilla es quizá el pueblo más hospitalario del mundo. Yo recuerdo estar comiendo y levantarme de prisa para que se sentara un banderillero de los que venían a la corrida, o un músico de los de la orquesta, o un guardia civil y, por supuesto, no los conocía de nada. Eran invitados que nos mandaba el abuelo, o la abuela, o su hermano, el tío Julio, porque a ellos ya no les cogían en casa. Era tremendo.

Por la tarde, el sonido de *Carrusel* en el coche, cuando iba hacia la radio, me ha devuelto a la realidad profesional: el Madrid ha empatado en casa con el Osasuna y el Atlético ha perdido en Logroño. El Depor continúa imparable, después de que ayer perdiese el Barcelona en San Sebastián.

Bustillo llama a Gil. Me lo pasa. Está muy desilusionado:

—¿Qué quieres que haga? —dice con voz débil—. Los dos niñatos estos del Cádiz (Kiko y Quevedo) me han salido ranas. Al polaco (Kosecki) le sacaron borracho la otra noche del Joy Eslava... Los voy a mandar a tomar por culo... Ahora —dice, como meditando en voz alta—, que se preparen.

Lunes, 24 de enero

Me ha despertado Iñaki Gabilondo a las 8.30 de la mañana. Querían que entrase en el *Hoy por hoy* para hablar en *La Descubierta* del *Super-Depor*. Estaba todavía medio dormido, pero parece que este país se ha hecho del Depor y la gente sueña con que un modesto gane la Liga.

Por la tarde me llama Aquilino. Aquilino es el alcalde de Brunete. Es de mi edad y fuimos muy amigos. Éramos de la misma panda. Nos separó un poco la política, aunque ahora lo hemos normalizado. Le han puesto un voto de censura. Me cuenta que acaba de notificar a los concejales su intención de no convocar el pleno para debatir esa noción de censura. Está convencido de que quieren bloquear el Ayuntamiento ahora que está consiguiendo cosas. No sé qué decirle. Me faltan elementos de juicio para poder pronunciarme.

Esta noche ha venido Gil al programa. Damián y alguno más creen que está harto y aburrido y que empieza a pensar en marcharse. Yo no lo creo.

Me empieza a resultar difícil la conversación con Gil. Va de un tema a otro, los mezcla y sale un batido de ideas que luego es imposible ordenar. Algunas veces me divierte y creo que contribuye a desdramatizar todo este tinglado, pero otras me desespera.

He visto la cara de Bustillo y sé que no ha ido muy bien el tema. Lo he venido pensando mientras conducía de regreso a Brunete.

Me relaja ese rato al volante. Ves la carretera frente a ti y tú avanzando a toda velocidad, como iluminado por una poderosa linterna. A veces, ni tan siquiera me cruzo con ningún otro vehículo. La noche está estrellada y la ilumina una luna llena. En mi mente se reproducen todos los sucesos del día y voy codificando mis comportamientos: bien, mal, regular, pasable, desastroso... Cuando, como hoy, no vengo demasiado satisfecho, empiezo a programarme para mañana. Es una especie de mecanismo de evacuación de la pena que empieza a inundarme... Y da resultado.

Martes, 25 de enero

El anticiclón tiene a Madrid iluminado de sol estos días, aunque por las noches las heladas siguen siendo importantes.

Cuando he llegado a la redacción, Lala (Javier Lalaguna) me cuenta, con su narrativa particular, cómo estaban jugando al fútbol sala en el polideportivo de la Ermita, cuando ETA activó un coche bomba, que no llegó a estallar totalmente, pero que cuando los artificieros lo explosionaron se movió todo el polideportivo. Esta vez no hubo víctimas. El Lala te lo cuenta abriendo las manos y desorbitando los ojos detrás de las gafas, hasta darle a la narrativa un exceso de dramatismo que termina por hacérsenos cómico.

A las diez jugaba el Madrid en Tenerife el partido de ida correspondiente a la Copa del Rey. Perdió 2-1. La primera parte rozó el ridículo. El Tenerife lo bailaba y arrinconaba.

Es divertido ver un partido en la redacción. Yo estoy dentro, viéndolo en el despachito, solo y con la radio puesta. Tengo la puerta abierta de par en par. En la redacción hay otras dos televisiones con el volumen apagado, mientras escuchamos la transmisión que hace Manolo Lama.

Manolete, que presume de ser antimadridista, es de los que da más voces. Se cabrea con el árbitro, grita, suelta tacos... Bustillo es más callado, pero no puede disimular que es madridista y se le escapan algunas expresiones como:

—¡Tira! ¡Ahora! ¡Qué mal!...

Y Manolete le azuza:

—¡Eso ha sido tarjeta roja! ¡Eso es expulsión de Alkorta!...

Y ahí es cuando entra Gallego, que también es madridista:

—Manolete, ¡vete a tomar por culo! ¡Ha sido una carga legal!

A veces pienso que Lama les está escuchando desde la cabina en el campo, porque parece como si les picara:

—¡Fuera de juego! ¡Fuera de juego clarísimo de Dubowsky que se ha tragado Urío Velázquez!

Y éstos, que están escuchando, saltan como locos:

—Pero, ¿qué dice?, ¡está loco!, ¡míralo, míralo en la repetición!

Al final, acaban convencidos que el Lama es gafe para el Madrid. Manolete quiere que le siga a todos los desplazamientos. Bustillo y Gallego dicen que había que mandarle más con el Atleti y yo les digo que será para rematarle, porque el Atleti se gafa solo.

En el programa, Floro ha salido en antena serio y dramático. No es para menos. Parece que en el descanso hubo más que palabras. Le pongo las declaraciones que le ha hecho Mendoza a Gallego esta tarde y en las que dice que: "... basta ya de dar excusas y de echar la culpa al campo y a la gira de Chile. Lo que hay que hacer es jugar mejor y dejar trabajar más a todos".

Floro las escucha y hace como que no se da por aludido, pero yo noto que sí.

Los jugadores del Real Madrid, salvo Buyo, evitan a la prensa. Me crispa esa postura infantil, de rabietas de niño mimado, que adoptan los futbolistas del Real Madrid cuando pierden. Se escabullen como perro con un cantazo. Ahora, si ganan, todo es disponibilidad y simpatía. Entiendo que a veces se sientan acosados y abrumados, pero entiendo también que son las consecuencias negativas de un trabajo que, cuando les sale bien, les resulta muy positivo.

Miércoles, 26 de enero

A las 12 de la noche comenzaba la huelga general de mañana. Yo tenía decidido hacer el programa. Me revientan todo este tipo de manifestaciones multitudinarias que se dirigen con mando a distancia. En cierta forma, me parecen tan manipuladas como aquellas manifestaciones de la Plaza de Oriente con Franco.

Damián me había advertido que él no iba a venir. Se lo respeté sin hacerle comentarios. En la situación que están en *Diario 16*, donde han hecho una reducción de plantilla que ha puesto a más de la mitad de los empleados en la calle, no se puede pedirles nada. Bastante está sufriendo estos días Damián. Segurola me dice que él también irá a la huelga.

Tampoco le he dicho nada.

A media tarde me llama Robinson:

—No te preocupes por mí —me dice con la voz tomada—.

Le pregunto, sorprendido, qué le ocurre y contesta que lo ha pasado mal estos días y que está muy estresado.

—De acuerdo —le digo—, descansa unos días.

—¡No! —responde—, esta noche voy al programa.

—¡Como quieras! —le contesto—.

Cuando ha llegado, me ha dedicado la mejor de las sonrisas y echándome el brazo por encima me ha dicho:

—Tienes mucha paciencia conmigo, Joserra.

—¡Qué va!, la paciencia nunca fue una virtud mía.

Cuando faltaba media hora para comenzar el programa, entra Bustillo:

—Redondo, el de Tenerife, se ha peleado con Pinilla y le ha roto la nariz de un puñetazo. Va Maite Castro a su casa, pero creo que no querrá hablar. Xuancar dice que tiene un testigo de la pelea que te lo puede contar. También está el médico. Igual le tienen que operar...

Veo que lo tiene todo controlado.

—De acuerdo —le digo—, intenta hablar con Pinilla.

A los pocos minutos, El Busti ya está hablando con la mujer de Pinilla. Es su cumpleaños. Pinilla está tumbado en su sillón y no quiere comentar nada. Le han colocado el tabique nasal y está muy molesto.

Bustillo se despide de forma cordial, sin insistir demasiado.

Yo observo la conversación y hago un gesto aprobatorio.

Fernando Redondo tampoco quiere comentar nada, salvo pedir perdón:

—Perdí la cabeza —dice con una voz tenue—.

En el estudio, observo que hay policías de paisano. El Barça ha empatado en Sevilla con el Betis. Hoy ha vuelto al fútbol, después de cinco años sin pisar el estadio Villamarín, Gerardo Martínez Retamero, aquel que fuera presidente del Betis cuando yo comenzaba en el periodismo. Al descender el Betis a la segunda división, en Sevilla casi pusieron precio a su cabeza y tuvo que marcharse.

A este hombre le recuerdo como una buena persona y no se me olvida una anécdota, una mala jugada que le hicieron antes de la Eurocopa de Francia. Era el año 1984. La Selección jugaba un partido en Hungría, creo. El García estaba en guerra con aquella Federación que presidía Porta y los periodistas que empezábamos en esto, casi por inercia imitativa, nos metíamos todos con la gestión de Porta. Aquella noche, en Hungría, alguien dijo conocer un restaurante especial y allí se fueron todos los enviados especiales a cenar. Pidieron sangría y comida española o similar... De repente descubrieron una guitarra española y comenzaron a rascar sus cuerdas, pero nadie le sacaba una nota decente a la guitarra. Entre cánticos de la patria, sangría y rasgueos a la guitarra transcurría la sobremesa, cuando aparecieron Agustín Domínguez (secretario general de la Federación Española de Fútbol) y Gerardo Martínez Retamero. Venían con la intención de suavizar las relaciones con la prensa.

Uno de los periodistas más veteranos les dijo que no era el momento de entrar en diálogos profundos y que lo dejaran para el día siguiente. Retamero y Agustín Domínguez se sentaron solos en una mesa aparte y pidieron dos cafés. Los periodistas seguían cantando. De pronto, uno de los reporteros, se acordó:

—¡Coño, Gerardo sabe tocar la guitarra! —y se lanzó con la guitarra hacia la mesa donde estaban Gerardo Martínez Retamero y Agustín Domínguez—.

El presidente del Betis se resistía, pero los periodistas se le echaban encima:

—¡No seas aguafiestas! ¡Toca unas sevillanas!

Gerardo no quería. Los periodistas insistían:

—¡Venga, Gerardo toca algo!

Gerardo terminó cediendo y tomó la guitarra. En ese instante, Gaspar Rosety, corresponsal de García, entonces en Antena 3, sacó una grabadora. Gerardo la vio y dejó la guitarra.

—¡Ni hablar! ¡Encima grabarme! ¡Ni hablar!

De nuevo, todos se le echaron encima y Rosety le dijo que era a modo de recuerdo, pero que nunca lo usaría en la radio. Gerardo se arrancó por sevillanas y luego peteneras y terminó poniendo una nota de arte en aquella cena de periodistas, porque canta y toca la guitarra francamente bien.

A los pocos días, José María García daba a sus oyentes esta primicia:

—Van a comprobar ustedes cómo se divierten los directivos españoles en los viajes de la Selección. Éste que van a escuchar es Gerardete, el nefasto presidente del Betis.

Y puso la cinta de Rosety en la que Gerardo Martínez Retamero se arrancaba por sevillanas.

Me cuentan que Gaspar Rosety se vio obligado a entregarle esa cinta a *su amo* y que estuvo dolido y apesadumbrado por ello, pero así se escribe la historia y así quería recordarlo yo en este diario. Por eso me ha dado cierta alegría hablar esta noche en el programa con Gerardo Martínez Retamero.

Cuando salimos de la radio, una manifestación baja por la Gran Vía. Les escoltan muchos policías nacionales. Los taxis circulan sin el piloto verde y dudan en parar. Aun así, he visto a Robinson y Relaño conseguir uno y a Bustillo también le ha llegado el suyo.

Veremos qué ocurre mañana.

Jueves, 27 de enero

La jornada de huelga ha dejado a todos contentos. Los sindicatos dicen que ha sido un éxito. La patronal dice que ha sido un fracaso y el Gobierno dice que no ha habido incidentes. Todos contentos.

En la radio, una jornada de huelga se nota en que hay más movimiento, más tensión. Todos están especialmente atentos a las noticias que se van produciendo, a las unidades móviles, a los controles en los estudios. Es curioso, pero en la radio las huelgas las hacemos al estilo japonés.

En la redacción de deportes se hace especialmente difícil porque no hay noticias. He llegado muy pronto. Bustillo, Gallego, Pacojó y Alcalá se bajaron a comer. Estaba solo en el despacho y ha sonado el teléfono:

—¿José Ramón? —es una voz masculina. Yo dudo en afirmar y pregunto:

—¿Quién es?

—Mira, soy... Bueno, soy un oyente de todas las noches, ¿sabes? En realidad, somos varios —duda un poco, mientras yo escucho sin interrumpirle—. Es que hemos estado comiendo en un restaurante en Carabanchel, donde vamos con frecuencia y en la mesa de al lado estaba Lorenzo Sanz (vicepresidente del Real Madrid) con dos concejales del Ayuntamiento de Madrid. Los dos son del PSOE. Uno era Leandro Crespo, el otro era uno de bigote que hablaba por teléfono, por un teléfono móvil, con un periodista, un tal Javier.

Yo escucho sin preguntar nada.

—¿Me escuchas? —dice—.

—Sí, sí, te escucho.

—Es que igual piensas que es una broma. Te juro que es muy serio.

—Claro, claro. Sigue.

—Pues eso... Estaban Lorenzo Sanz y estos dos concejales. Ya te digo que a Leandro Crespo le conocí. El otro debía ser alguien muy próximo a Barranco por lo que oí. Hablaban de la esquina del Bernabéu. Lorenzo Sanz ponía a parir a Mendoza. Decía que estaba actuando como un subnormal todos estos días en televisión. También se quejaba del proyecto de la esquina. Parece que antes tenían otro que era mucho mejor. Los concejales recordaban la frase de Mendoza en la asamblea y parecían cabreados. Lorenzo Sanz les daba la razón. ¿Sigues escuchando?

—Perfectamente...

—Es que nos ha indignado que ponga a parir a Mendoza, cuando dice que es tan amigo suyo. Y, encima, los otros dos hablan por teléfono con un periodista al que decían que estaban en huelga... y estaban comiendo como lobos. Al periodista, a ese tal Javier, le estaban filtrando alguna noticia, pero no sé que era. Le decían "tú puedes darlo, pero sin citarnos a nosotros". ¿Qué te parece?.

—Está bien; es curioso...

—Pues si te vale de algo, nos alegramos, porque somos oyentes de *El Larguero* todas las noches.

—Muchas gracias. Os lo agradezco.

—Nos hubiera gustado enterarnos de más cosas, pero a veces bajaban la voz ¿sabes? Debía de ser interesante.

Me despido agradecido. Llamo a los de Redacción Madrid y les digo que me averigüen quién es Leandro Crespo, con quién ha comido hoy y quién es el otro concejal de bigote que les acompañaba. A las 7 de la tarde, Miguel Ángel Oliver viene a verme sonriente:

—Leandro Crespo es un concejal del PSOE que ha estado metido en el asunto de la esquina del Bernabéu. Es de los que más caña dio cuando Mendoza dijo que había tenido que engañar al Ayuntamiento para conseguir la licencia. El otro, el del bigote, es José María de la Riva, también concejal del PSOE, el brazo derecho de Barranco. Los dos son de Carabanchel, amigos de Lorenzo Sanz, porque él también es de allí y se han quedado de piedra cuando les he dicho que si habían comido con él.

—¿Y habían comido? —le pregunto—.

—¡Claro!, pero querían que les dijese cómo me había enterado.

Llamo a Manolete. Le cuento la historia para que la incluya esta noche en su repertorio.

—Entérate bien, averigua algo nuevo. Llama al restaurante. Habla con algún camarero... ¿De acuerdo?

Entre tanto, decido plantear una tertulia con el presidente del sindicato de futbolistas, Gerardo González Movilla, y me acuerdo de Quino. Quino fue un futbolista que, a finales de los sesenta, deslumbró en el Betis y luego en el Valencia. Fue un luchador, un rebelde que liberó a los futbolistas de aquel célebre derecho de retención que tenían los clubes y por el que ningún jugador podía cambiar de club sin el permiso de éste, bastando con que le incrementaran un 10 % sobre su contrato.

Recuerdo que Butragueño, hace unos años, tenía un contrato de poco más de dos millones de pesetas, con lo cual si ese derecho de retención no hubiese sido abolido, ahora estaría en el Real Madrid con un 10 % más sobre esos dos millones de pesetas.

Quino encendió una revolución de futbolistas que llevó incluso a parar la Liga en una jornada de huelga. Debió de acabar quemado y hastiado, pero hoy los futbolistas gozan de unos derechos que nunca hubieran soñado. Me pregunto si se lo habrán agradecido y me contesto que no.

El futbolista es egoísta y nunca se acordará de Quino como aquel revolucionario que les libró de unas cadenas para ser libres y nadar en la abundancia.

Durante el programa, Gerardo González Movilla se muestra moderado. Pertenece a la junta directiva de la FEF y no quiere polémicas ni conflictos. En privado, me dice que se consiguen más cosas así. A Quino le oigo desde Cádiz, también mucho más moderado. Aquel rebelde ya terminó su batalla y no tiene ganas siquiera de recordarlo. Habla orgulloso del actual régimen del que gozan los futbolistas, pero no evoca el pasado.

Manolete cuenta la historia del Lorenzo Sanz y los dos concejales que comieron juntos esta tarde en un restaurante de Carabanchel. Me ha hecho gracia.

Cuando ha terminado se ha levantado corriendo y le ha dicho a Bustillo:

—Busti, si llama Lorenzo Sanz, di que me he ido.

Viernes, 28 de enero

Suena el teléfono temprano. Es una voz femenina de secretaria bien educada:

—Un momento... Le paso con el gerente del Real Madrid, don Manuel Fernández Trigo —una musiquilla estúpida en la espera, que se corta bruscamente cuando se oye la voz de Fernández Trigo—:

—¡Buenos días, monstruo! ¿Cómo estás?

—¡Hola, buenos días! Bien.

—¿Te he despertado?

—No, no...

—Oye, espera un momento que quiere hablar contigo Lorenzo Sanz.

—De acuerdo.

Lorenzo Sanz se pone al instante, lo que me hace deducir que estaba al lado del gerente.

—José Ramón, ¡buenos días!

—¡Hola, buenos días!

—Oye, eso que contó anoche Manolete no es cierto. ¿Cómo voy a hablar yo mal de Mendoza si es como mi hermano mayor? No es cierto.

—Pregúntale a Manolete, habla con él, —le digo—.

—Ya lo he intentado, pero no le localizo... ¡Joder, es que me ha organizado un lío cojonudo! Y, encima, ahora leo en el *Marca* que yo he dicho que no entiendo algunas alineaciones de Floro.

—¿Lo has dicho?

—No; bueno, sí... pero no de esa forma. A mí me preguntan por el equipo y les digo que algunas alineaciones yo tampoco las entiendo, pero eso no significa que me meta con Floro.

Lorenzo Sanz trata de convencerme de que es todo mentira y me sondea a ver quién se lo ha podido contar a Manolete. Sospecha de unos que estaban sentados en una mesa de al lado.

—Pero es imposible —dice—. ¡Son muy madridistas!

Antes de despedirme, me pide que no insistamos sobre el tema.

—Si dices que es mentira —le digo—, intentaré aclararlo.

—No, mejor dejarlo. No lo remováis más.

Por la noche me llama Manolete. Ha estado esquivando dar explicaciones de cómo se entera él de todo el asunto, pero está eufórico.

—La semana que viene más, Joserra —me dice—.

Domingo, 30 de enero

Esta noche, alivio rápido. Tengo sueño y mañana madrugo. A primera hora tenemos que estar en Pozuelo para una charla-coloquio con estudiantes universitarios. Luego tengo que venir a la radio. Tengo que plantear un nuevo contrato y eso me tiene un tanto nervioso y lleno de dudas.

El programa ha sido un contraste entre la tristeza, pero buena predisposición, de Benito Floro y la simpatía de Julio Salinas. Floro venía de empatar con el Valladolid. Sufro cuando le entrevisto. Padeció una enfermedad en el tímpano hace años que le obligó a abandonar el fútbol y desde entonces oye muy mal. En algunas ocasiones no contesta porque no ha oído la pregunta y a mí me da no se qué repetírselo gritando. Aun así, estoy convencido de que es un buen tipo este hombre. Y, tal vez, sea un buen entrenador, pero al Madrid, ésta no es la mejor época para dirigirlo.

Julio Salinas estaba pletórico después de meterle dos goles al Albacete. Me cuenta que estaba calentando cuando Cruyff le ha dicho que salía él. Le ha preguntado varias veces:

—¡Yo?, ¿yo?, ¿yo?

Y Cruyff le ha dicho:

—Sí, tú, tú.

Esta mañana, a la salida de misa, he visto a mi madre. Hacía tiempo que no iba a verla. Sé que es una disculpa estúpida, pero no tengo tiempo. Me paso el día enzarzado en follones de la radio y cuando no los tengo me los busco, pero siempre estoy liado. Ha sido lo que ella me ha echado en cara y, al mismo tiempo, ésa ha sido mi disculpa.

Veremos qué día me sale mañana...

Lunes, 31 de enero

¡Vaya día! Estoy tan cansado que no tengo ni sueño. La charla-coloquio de Pozuelo ha resultado agradable. Comienzo a acostumbrarme, pero me resultaba tan *fantasmón* verme en una tribuna de oradores, como si uno fuese alguien, cuando en mis tiempos de facultad yo me quedaba ensimismado en todo este tipo de *saraos*.

Siento el privilegio de haber sido tocado con la varita mágica de la suerte para estar ahí. Veo los ojos atentos, asombrados y divertidos de los estudiantes que escuchan lo que sólo son anécdotas. Les repito que soy un periodista privilegiado por la suerte que sólo tiene la experiencia apasionante de trabajar en la cadena SER y juro por lo más sagrado que no es humildad, sino cruda realidad que confieso públicamente.

A mediodía estaba citado con el director general de la cadena SER. Augusto Delkáder me espera en un restaurante coquetón cercano al Paseo del Prado. Hemos renegociado mi contrato. No ha habido discusiones ni regateos. Me da la sensación de que me lleva varios años de adelanto y que por donde voy yo a pasar, él ya lo ha hecho en varias ocasiones. He salido convencido de que hay personas a las que nunca puedes defraudar, porque confían tanto en ti que engañarles no tendría mérito, sería sólo una vulgar canallada.

En Sevilla, Antonio Oliver dice que no encuentra a Lopera, el mayor accionista del Betis, que ha pregonado a los cuatro vientos su intención de no aplazar el jueves su partido contra el Barcelona, lo diga quien lo diga. Insisto en que le busquen. Cuando le encuentran, me dicen que ha quedado con García. Me le ponen al teléfono. Se le ve comprometido y temeroso de que se enfade *alguien* con él.

—Si quieres, lo grabamos —me dice—.

—¿Ustedes no van a jugar el jueves? —le pregunto, casi afirmando para dar a la charla brevedad y corrección.

—Nosotros vamos el miércoles y sólo haremos acto de presencia con un notario.

—Bien. Entonces vaya usted con García esta noche y a *El Larguero* que venga su presidente, Pepe León.

—Muy bien, ahora se lo digo.

En el programa, Pepe León dice que el Betis sólo jugará en Barcelona el jueves si recibe una compensación económica, que podría estar en torno a los dos millones de pesetas, pero de no ser así, no retrasarían el partido.

A esa misma hora, Lopera decía en la COPE que el Betis no quiere compensaciones económicas y que sólo quería cariño y un campo donde entrenar el miércoles. Luego, en el colmo de lo rastrero, agradeció a Super-García, a la COPE y a su programa que hubieran servido para arreglar el problema.

Le he dicho a Bustillo que saque la grabación y haga un montaje para enseñárselo mañana a la gente. Que vean cómo se comportan en un sitio y en otro los *nuevos dueños* del Betis...

F E B R E R O

Martes, 1 de febrero

El hotel Meliá Princesa está como escondido del tráfico y el bullicio que arrastra la calle de la Princesa. Cuando llegamos Relaño, Carmelo y yo, Valdano no coge el teléfono. Llamo a Ángel Cappa:

—Insistid, seguro que está duchándose.

Insisto. Efectivamente, se estaba duchando. Su voz suena en tono admirativo y con ese acento porteño que le caracteriza:

—¿Vinisteis a dar moral o a desmoralizar?... Está bien, ya bajo —dice—.

Jorge aparece con su traje del Tenerife: chaqueta azul con el escudo del club y pantalón gris oscuro. El pelo mojado delata la ducha reciente. Su aparente tranquilidad y pocas ganas de hablar me hacen pensar que no está tranquilo. Bromeamos con él:

—Todo tu club de *fans* pasó hoy por aquí.

—Faltó Bustillo —dice con una sonrisa cómplice—.

Relaño le interroga sobre el Madrid.

—Van a salir como lo hacíamos antes en las noches de Copa de Europa: amedrentando, dando patadas, protestando al árbitro... Ya lo veréis. Los conozco bien.

Y así ha sido, pero el Tenerife le ha metido tres al Madrid.

A medida que he ido observando cómo se ponía el partido, me he dado cuenta de que había follón al final. En el descanso he mandado a Ponseti que fuese con una grabadora y que marcase a Mendoza hasta que abandonara el estadio. Después, cuando Martín Navarrete ha expulsado a Zamorano y luego a Sanchís, antes a Milla, le he dicho a Lala que se fuese con un *Motorola* y se pegase al árbitro. En el estadio estaban Lama, Gallego y David, pero con estos refuerzos ya no podía escapársenos nadie durante *El Larguero*. Y acertamos.

Lala ha aparecido con el linier que ha recibido el naranjazo y chocó contra una valla. Dice que incluso perdió el conocimiento.

Lama ha metido a Gallego en la rueda de prensa de Martín Navarrete con un diminuto micrófono inalámbrico que se escuchaba muy bien. Ponseti tenía las declaraciones irónicas y dolorosas de Mendoza y le ha seguido hasta que abandonó el estadio.

David esperaba la llegada de los jugadores del Tenerife en el Hotel Meliá y Xuancar y Lama retuvieron a Valdano en el Bernabéu hasta el inicio del programa.

Valdano es inteligente, muy inteligente. Conoce esa casa y esa afición. Habla con un tono grave, como si hubiese sido el perdedor. No deja señales efusivas de triunfalismo; pide respeto para el dolor de los jugadores del Real Madrid y termina diciéndonos:

—Espero devolverles algún día todo lo que les he quitado.

Miércoles, 2 de febrero

Empiezo a pensar que la vida de periodista es ajetreadamente monótona. Comienzo a dudar que esto tenga interés o sirva para algo, ni tan siquiera como registro de datos, notas y fechas. Tal vez sea un mero anecdotario. O tal vez sea que la lluvia que ha vuelto y ha comenzado a caer, en esta fría madrugada, me esté deprimiendo un poco. No sé.

Creo que lo mejor del día ha estado en una conversación de casi dos horas con Manolo Lama. Ha sido una especie de intervención quirúrgica en nuestros sentimientos, que los dos necesitábamos.

Lama fue mi primer amigo en la radio. Compartimos parecidas inquietudes y padecíamos parecidos defectos. Pero nos fuimos separando, comenzamos a recelar el uno del otro y eso había terminado por enquistarse y ya era un *tumor raro*. Hemos limpiado las heridas, algo que siempre es molesto e incómodo, pero creo que puedo recuperar aquella amistad de hace unos años. Voy a intentarlo.

El personaje del día ha sido Benito Floro. Después de lo de anoche (Real Madrid 0, Tenerife 3), era el tema de tertulia en todas partes. He ido a cortarme el pelo y el peluquero me ha preguntado de todas las maneras posibles si le van a echar o no.

Hablo con Floro a las 22.30. Viene del informativo de Antena 3 con Pedro Piqueras, que es de Albacete y amigo suyo. Anteriormente ha estado en Tele 5 con Mariñas. Me extraña que se preste tan fácilmente para desfilar así por las televisiones. Gallego me apunta que es posible que Mendoza le haya dicho que sea él quien dé explicaciones a la gente del cirio que tienen montado.

Floro se pone al teléfono, después que le llama Gallego, que, por cierto, está haciendo un trabajo impecable en toda la crisis del Real Madrid. El entrenador parece tranquilo:

—Joserra, no me apetece estar esta noche en *El Larguero.*

—Como quieras —le digo—.

—Es que, mira, ahí tú tienes una serie de gente que está machacando todas las noches y me pregunto: ¿Qué gano yo con aparecer esta noche en el programa? ¿Qué gana el club?

—Supongo que lo mismo que puedas ganar apareciendo en los telediarios de la tele, aunque en menos cantidad.

Floro duda. Está muy molesto con Damián y Relaño y siente una especial animadversión hacia Robinson. Entramos en un diálogo aburrido en el que su teoría son las críticas que ha recibido de Robinson, Damián, Relaño y hasta Segurola y su justificación es su buen comportamiento siempre conmigo, que es cierto.

Yo trato de explicar que no debe mezclar lo que son opiniones de profesionales sobre su trabajo, con el trato correcto que él ha tenido hacia mí, algo que considero recíproco. La conversación se va a otros temas:

—Mira, si yo esta noche entro en *El Larguero* desde mi casa, habría amigos, como Iñaki Cano (periodista de RNE), que me dijo la otra vez: "Oye, como te pongas al teléfono con ésos, con la leña que te han dado..."

Quiero terminar la conversación. Son ya casi las 11 de la noche y aún tengo cosas que resolver. Le digo que es igual, que nunca voy a mendigar una entrevista y que en todo caso tampoco él es mi personaje favorito. Quizá otro día.

Segurola llega con media sonrisita.

—No cierran San Mamés, ya os lo dije. Un monedazo a un jugador no es lo mismo que un monedazo a un árbitro.

—Entonces —le digo—, es fácil que cierren el Bernabéu por el naranjazo al linier.

—No es fácil. Es seguro. Ya lo veréis.

Jueves, 3 de febrero

El diario *Marca* publica mañana una encuesta telefónica según la cual, casi el 80 % de los seguidores madridistas quiere que Mendoza se vaya ya del Madrid. Amalio me llama a media tarde y me da los datos. Busco a Mendoza. Le encuentro en el teléfono del coche. Se ve que ya le han filtrado la noticia:

—¡Es una canallada! Que un diario como el *Marca* me haga esto... ¡Es una canallada!... ¡Claro! ¡Hacen la encuesta en pleno cabreo de la gente!

Intento convencerle para que esté esta noche en *El Larguero*.

—¡Ni hablar!, no tengo nada que decir, ni yo ni nadie. Me voy a ir, pero eso ya lo he dicho hace tiempo.

Insisto en que, puesto que van a salir esas cifras mañana en el *Marca*, sería incluso bueno para él que las comentara esta noche. Al final, creo que le convenzo.

Decido abrir el programa con la encuesta para que después opine Mendoza sobre ese 78 % de aficionados que ahora quiere verle fuera del Madrid.

El Barça está jugando con el Betis. No creo que tenga problemas. Tengo el televisor sin volumen. Ultimo el guión con Bustillo tratando de encuadrar las cuñas publicitarias en determinados horarios... Oigo la voz del Lala: "¡Gol del Betis!". Miro el televisor y veo a cámara lenta la cesión estúpida de Koeman a Busquets, el resbalón del portero y cómo el delantero del Betis toca suavemente el balón para que se cuele en la portería. Miro el reloj. Hay tiempo para el Barça.

A las 11 de la noche, el Betis ha eliminado al Barcelona.

—¡Bustillo, cambiamos todo! —le grito—.

—Ya lo imaginaba —contesta él—.

—Busca a Araújo, que se vaya al hotel del Betis. Llama a Oliveros. Quiero saber lo que va a decir Cruyff en la rueda de prensa, cuando esté caliente todavía. Antonio Oliver que salga a las calles de Sevilla. Habrá movida.

Bustillo va tomando nota de todo.

—¡Ah!, llama a Mendoza —le digo—, seguro que ahora estará más locuaz. Llama también a Ricardo Tormo y a Víctor Cordero. Mañana se reúnen los equipos ciclistas y darán una contestación a Unipublic.

El programa ha ido bien. Me encanta escuchar de tarde en tarde a José Antonio Sánchez Araújo, *el maestro*, con su acento exageradamente sevillano, arrastrando las eses y machacando las zetas, pronunciando veloz y atropelladamente cada frase, pero sin dejarse un solo dato ni un solo detalle.

En medio de la algarabía, Bustillo me dice por los auriculares:

—Llama el alcalde Rojas Marcos. Quiere felicitar a los jugadores del Betis.

Le hago un gesto afirmativo. Rojas Marcos no quiere confesarse como seguidor del Betis y se escurre diciendo que él quiere triunfos sevillanos. Logro sacarle algo cuando me dice que "la afición del Betis es la mejor del mundo", para terminar reconociéndose político sentenciado: "¡Ojalá los políticos andaluces logremos ganarles también a los catalanes en Cataluña!"

Cuando acabo el programa, me espera un grupo de estudiantes de periodismo. Vienen desde Valencia y quieren hacerme una entrevista para un trabajo que preparan sobre la radio. Me preguntan por García, Clemente, Villar... Más o menos las canciones más conocidas. Procuro no dogmatizar.

Uno de ellos me pregunta:

—¿Cómo se llega a ser periodista?

Por un momento he recordado al José Ramón de hace quince años haciendo esa pregunta. Le he contestado con la mayor sinceridad que tenía en el alma:

—Queriendo; si tú quieres ser periodista, lo serás y nadie te lo podrá impedir. Pero tienes que desearlo mucho. Más que cualquier otra cosa, que no te lo impida nadie, que no te desanime nada. Sigue intentándolo y lo serás.

El chaval se ha quedado mirándome a los ojos. Creo que me ha entendido.

Lunes, 7 de febrero

Estaba siendo un día soso, aburrido. Cansado de apenas haber dormido anoche, bostezo mientras Bustillo apunta ideas para el programa, que voy despejando a boleo, como un defensa central sin técnica. No se me ocurre nada. Preparamos un menú de programa que no acaba de convencerme.

A las siete de la tarde localizo a Álvaro Pino. Los equipos ciclistas se han desmembrado de la unión que mantenían y ya no habrá solidaridad con Banesto.

—En el fondo, todos vamos a lo nuestro —me dice Álvaro—. Parece que sólo el Clas-Mapei de Juan Fernández está dispuesto a solidarizarse con el equipo de Induráin si Unipublic se mantiene en su postura de no dejarles tomar la salida sin el ciclista navarro.

A Juan Fernández lo encuentra Bustillo en su casa de Vitoria. Quedamos para hablar en el programa, pero me da que tampoco está muy decidido a enfrentarse a Unipublic.

Suena el teléfono. La voz de un secretario me anuncia al director general de Deportes, Manuel Fonseca, y enseguida reconozco su voz grave.

—José Ramón, ¿cómo estás?

—Bien, muy bien. ¿Qué pasa?

—No. ¡Oye! Mira... Quería saber tu opinión del tema este de Unipublic y los equipos ciclistas. Asunto Banesto-Induráin, ya sabes.

—Sí, ya sé.

—Quería saber tu opinión de experto —dice sonriendo—.

—Yo tengo una opinión, pero no es de experto, ¡eh!

Le explico que me gusta el ciclismo, pero que no soy un experto ni mucho menos. Le cuento lo que está ocurriendo y compruebo que él está al corriente de todo, incluso con detalles que a mí se me escapan. Deduzco que lo que intenta conocer es mi postura al respecto y no la oculto. Tiene intención de entrevistarse con Enrique Franco próximamente y quedamos en que esta noche le llamaré en el programa.

—Mejor te llamo. Es que no sé dónde estaré.

Deduzco que no quiere dar su nuevo teléfono y lo acepto sin entrar en detalles ni hacerle más preguntas. Le doy el número de teléfono al que debe llamar y nos despedimos.

La Selección está en Tenerife. Gallego me llama para decirme que ha quedado con Guardiola. Me parece bien.

Treinta minutos antes del programa, David dice que en el Rayo está pasando algo raro. Alguien le ha soplado una reunión donde estaba Ruiz Mateos. Creen que pueden cesar a Zambrano, el entrenador. Nos resulta extraño porque Zambrano estaba en un programa de televisión, ajeno a todo eso.

Cuando comienzo el programa, Lama y David continúan en la redacción pegados a un teléfono cada uno.

Entra David y me susurra al oído:

—David Vidal, nuevo entrenador del Rayo. Tienes a Ruiz Mateos a la escucha, está en el teléfono móvil de su coche.

La entrevista con Ruiz Mateos es distendida, rápida y disparatada. Me confirma a David Vidal como nuevo entrenador del Rayo, mientras dice ir escuchando música gregoriana. Le pido que suba el volumen del radio-casete y se oyen los cánticos de los monjes en un salmo gregoriano que llega perfecto por el teléfono del coche.

Después, Juan Fernández me hace varios quiebros en la entrevista, pero deja claro que el Clas nunca se quedará sin correr la Vuelta por solidarizarse con Banesto e Induráin, con lo cual está claro que el pulso lo van a tener que disputar Echávarri y Enrique Franco frente a frente. Será apasionante.

Cuando salgo del aparcamiento el termómetro de la Gran Vía marca tres grados. Son las dos menos cuarto. Estoy parado en el disco, a la espera de enfilar Gran Vía abajo hacia Plaza de España. De repente la puerta del asiento del conductor se abre violentamente. una mujer de unos treinta años, pelo negro grasiento, boca mal pintada a la que le faltan algunas piezas bucales, entra veloz y me chilla:

—¡Arranca! ¡Arranca, por favor!

El disco está rojo. Ella me aprieta el brazo derecho y mira por la ventanilla mientras trata de bajar los seguros.

—¡Arranca! ¡Esos marroquíes me quieren robar la cartera!

Miro por la ventanilla. Veo dos hombres de aspecto africano, tez morena, uno de ellos con bigote, que viene hacia el coche, pero dudan. Uno de ellos hace ademán de venir hacia la puerta con intención de abrirla. La mujer me chilla:

—¡Arranca, por Dios!

El disco se pone verde. Suelto el embrague y acelero. Por el espejo observo a los dos hombres mirar el coche con cara de asombro.

La mujer lleva una falda corta de rayas blancas y negras y me cuenta, a borbotones, que estaba esperando a su marido y que esos dos marroquíes la abordaron y querían robarle la cartera. Observo que no lleva ninguna cartera ni bolso y tiene toda la pinta de ejercer la prostitución en alguna de las calles adyacentes a Gran Vía.

En unos segundos alcanzamos la Plaza de España. El disco está en rojo:

—Creo que aquí te puedes bajar. No te siguen.

Ella se vuelve a mirar por la ventanilla. Duda y abre la puerta con rapidez.

—¡Vale! ¡Gracias, moreno!

Pega un portazo y cruza la Gran Vía. Antes de que el disco se ponga verde, observo cómo se pierde hacia el aparcamiento de la Plaza de las Descalzas.

¡Jorobar, con lo tranquilo que había comenzado el día!

Martes, 8 de febrero

Tenerife está cubierto por su tradicional *panza de burro*, esa barriga de nubes que tapan el sol. El vuelo es tranquilo, salvo unos minutos que hacen palidecer a Toni Fidalgo. En el aeropuerto nos esperan Lama, Xuancar y Gallego.

El Hotel Mencey, donde está alojada la Selección, está en mitad de una empinada cuesta. En la puerta, el autobús preparado para llevar a los jugadores al entrenamiento. El chófer, con cara de aburrido, espera mientras charla con los policías que dan escolta a la selección. Un nutrido grupo de mozalbetes se empujan entre sí a la espera de que salgan los futbolistas.

El *hall* del hotel es amplio y luminoso. A la izquierda está el bar. Lama me dice:

—¿Quieres un café?

Y sigue andando en dirección al bar. Yo le sigo. De repente, se para y me susurra algo al oído. Disimuladamente se da la vuelta. Yo sigo y entro en el bar. Está prácticamente vacío. Veo un chándal azul de la selección y la figura de Clemente moviendo la cuchara en una taza de café. Entiendo el susurro de Lama. Vuelvo la vista y le veo riéndose en el *hall*. Clemente me mira de reojo y apura el café.

Hacemos *El Larguero* en Radio Club Tenerife, rodeados de casi un centenar de personas, casi todos muy jóvenes, que han venido a ver en directo el programa. Empiezo a acostumbrarme, pero antes lo llevaba mal. Perdía intimidad y yo lo notaba en antena. Supongo que debo aceptarlo.

Después del programa hemos quedado en una pizzería con Jorge Valdano. Jorge llega puntual y saluda en primer lugar a Bustillo. Manolete le dice que mañana irá a visitar "el santuario madridista", como él llama al estadio Heliodoro Rodríguez López.

La charla durante la cena es agradable. Disfrutar a Valdano en tertulia distendida es un privilegio, aunque cuando le atosigamos a preguntas dice:

—¡Che, no creáis que olvido que sois periodistas!

Miércoles, 9 de febrero

Tenerife sigue cubierto. He llegado a primera hora a Radio Club. Busco una mesa donde poder instalarme para llamar por teléfono y repasar los periódicos. Xuancar me ofrece su despacho.

A mediodía recibo una llamada de Mendoza.

—¡Oye, chaval! —siempre me llama chaval—. En ese teléfono, ¿puedes hablar seguro?

—Sí, creo que sí.

—Mira, es que tengo que hablar contigo. Hay algunos temas que debes saber y... bueno —duda un poco—, quizá yo tenga que informarte de algunas cosas del impresentable de *El Butano.* ¿Sabes que anoche, me acaban de contar, se metió contigo?

—No, no sabía.

—Pues sí, eso me están contando. Pero además es que insulta a Polanco de una manera cobarde, canalla. Polanco eso no lo sabe y hay que hacérselo saber. Vamos, se lo voy a hacer saber yo. Tengo cosas muy fuertes que contar sobre este individuo. Fíjate que yo tenía pruebas aquí en el club, pero me han desaparecido. Las han robado.

—¿Cuándo?

—No lo sé. Es lo que estoy investigando. Yo tenía aquí documentación importante que me ha desaparecido. Se ve que alguien ha limpiado el rastro y me tiene jodido eso. No sé, estoy intentando averiguarlo.

—¿Sospecha usted de alguien?

—Yo qué sé. No me puedo fiar de nadie.

Después le pregunto por algo que ayer leí en la prensa:

—¿Es cierto que usted está negociando con Maturana?

—No, te lo aseguro. Mira, entre nosotros, Maturana es Benito Floro, pero en negro. ¿Y Artur Jorge, qué te parece? Me han hablado muy bien de él.

—No le conozco —le digo—.

—¿Y Heynckes?

—Parece bueno, pero yo soy un enamorado de Valdano.

Mendoza suelta un soplido

—¡Ufff! Es difícil. Yo creo que aquí no le tragarían.

—¿Quién? —pregunto—.

Mendoza no contesta. Sigue su argumento.

—Es que no se ha portado bien. Fíjate el otro día esa frase de que le gustaría devolvernos todo lo que nos ha quitado.

—¿Y qué tiene de ofensivo?

—Es pedante.

Me sale una defensa de Valdano que considero justa y a medida que voy hablando me van saliendo argumentos y pruebas más pesadas. Al final, Mendoza parece menos antagónico hacia Valdano.

—Quizás tengas razón, pero aún es pronto. Lo de Valdano va a depender mucho del partido que juguemos ahora con el Tenerife.

Me quedo pensando en esa frase y no acabo de entenderla, ni a dónde quiere llegar a parar.

Desde Madrid me pasan la cinta del programa de García. No es tanto como me habían contado. Viene a descalificar a la SER, en donde yo soy un descerebrado, para justificar el contrato que TVE acaba de firmar con el seleccionador Javier Clemente a través de la FEF. Yo sé que el contrato va a ser muy beneficioso para Clemente, aunque los jugadores también percibirán dinero. Es aquella vieja idea que tuvo José Ángel de la Casa en el Mundial de Italia y que al final no cristalizó. La amistad de *El Tofo*, José Ángel de la Casa, con Clemente lo habrá hecho más fácil que en aquella ocasión con Suárez.

Me rebela que García quiera ahora justificar ese contrato con el argumento de que tiene la bendición de la FEF.

Por la tarde me he ido calentando. Lama trata de calmarme.

El partido con Polonia termina en empate. Pero a mí la segunda parte de la Selección me ha gustado mucho.

Durante el programa, creo que me he pasado un poco con el García. A veces, pienso que su inercia de insulto me lleva a parecidos pecados. Tampoco estoy muy seguro. Me gustaría que esta profesión se pudiera ejercer en paz, pero es difícil. Es como abrirte paso a la salida del fútbol sin tocar a la gente.

Cenamos de nuevo con Jorge Valdano. Cuando bajo al restaurante, la mesa es mucho más amplia que anoche. Me da alegría encontrar a Quique Ortego, Ángel Cabeza, Iñaki Cano... No los veía desde hace tiempo.

Ortego me susurra al oído:

—Tienes que hablar con Quique Gozalo, está jodido. Temas personales que te puedes suponer.

Yo me le quedo mirando asombrado y él sigue:

—Busca tiempo de donde sea, pero la semana que viene tenemos que comer con él. ¿Vale?.

Quique Gozalo fue mi primer amigo en esta profesión y fue quién me enseñó a caminar en esto. Recuerdo la primera vez que le vi en la Ciudad Deportiva, con Ortego, con ese aire de despistado, pero al mismo tiempo de autosuficiencia, que me cayó tan mal:

—¿Tú de dónde eres, chaval? —me dijo—.

Luego terminó siendo mi profesor de autoescuela en el periodismo. De eso hace ya casi trece años... ¡Dios mío!

Jueves, 10 de febrero

Regresamos de Tenerife muy temprano. Apenas hemos dormido cuatro horas. Tengo un sueño pesadísimo.

El regreso en el avión se hace divertido. En la parte de atrás se monta una tertulia que Lama, Iñaki Cano y Roberto Gómez van calentando hasta que se hace incontrolable.

Me apetece hablar con Roberto, pero se ha abierto ya un vacío que no somos capaces de rellenar. Es como si no hubiéramos cambiado de camisetas, sino que estuviésemos en trincheras enemigas. Quizá él trata de disimularlo más, pero yo no lo consigo y me cuesta seguirle las bromas.

Cuando una de las azafatas reparte la prensa, leo una entrevista de Clemente donde me llaman mentiroso, payaso y no sé qué más. La leo sin que me sobresalte. Creo que es lógico que piense así desde su odio hacia mí.

Le veo al fondo del avión, en las primeras filas, charlando con Andoni Goicoechea. He notado cómo éste sí trata de evitarme para no tener que verse obligado al saludo, que antes siempre era cariñoso. He terminado por asumirlo, aunque en un principio me llegó a doler separarme de Andoni. Supongo que son heridas de esta guerra. ¡Qué se le va a hacer!

Lalaguna me cuenta, apenas llegó a la redacción, que los teléfonos no han parado de sonar con el asunto de García. ("Anoche tuvimos que descolgarlos todos").

Habíamos quedado a comer Damián y yo con Antonio Jiménez, jefe de prensa de El Corte Inglés. En la comida, la discusión vuelve a ser la guerra civil que, dicen, existe ahora mismo en la prensa deportiva.

Yo, ahí, no quiero aceptar culpas. Expongo que no hay tal guerra, sólo un intento por liberarnos de un modo despótico de practicar la profesión. Sin embargo, ellos están convencidos de que sí existe esa guerra y que hay dos bandos concretos: uno que dirige García y otro que se rebela contra él.

Por la tarde hemos grabado un anuncio de *El Larguero* para la televisión. Es más agresivo que los anteriores. Me gusta. Creo que es justo lo que quiere decir *El Larguero*. Anteriormente el que hicimos me parecía una triste gilipollez. Esta vez también han filmado otro para *Carrusel*. Me parece ideal.

Viernes, 11 de febrero

Estaba escribiendo el pregón del carnaval para mañana en Gijón. Ha sonado el teléfono. La voz de Alcalá sonaba todavía:

—Joserra, ¿te has enterado?

—¿De qué?

—Creo que Antonio Martín, el ciclista de Banesto, ha muerto.

—¡Dios!, ¿estás seguro?

—Nos acaban de llamar. Ha sido hace poco. El cuerpo está aún tendido en la carretera. Lo ha atropellado un camión cuando venía de entrenar. Hemos hablado con la Guardia Civil... Está muerto.

Llamo a Perico a Segovia. El teléfono lo coge Ludi, su mujer. Ya lo saben. Pedro duda qué hacer. Le digo que si le traen a Madrid, deberá venir él.

La tarde se me ha empañado. El teléfono no dejaba de sonar. Hablo con Alcalá para diseñar el trabajo:

—Gallego que vaya a Torrelaguna.

—Es que... tenía libre esta noche, pero vamos, no hay problema. Va donde digas.

—Entonces que vaya David a Torrelaguna, que no importune a la familia. Que se limite a contar lo que sucede y que procure describir mucho. Casi prefiero que no entreviste a nadie, que no moleste, el pueblo estará muy dolorido. Gallego que vaya al Instituto Anatómico Forense y espere allí. Yo buscaré a Echávarri.

—No lo podrás encontrar. Está fuera de España.

A las ocho me llama José Miguel Echávarri. Está en Niza y viene hacia Madrid. Se le ve consternado, pero me dice que debe estar peor Mínguez. Me pregunta si sé algo nuevo. No saben qué hacer mañana. Dudan en retirar a los corredores de las carreras que están disputando y traerles mañana al entierro o dejarles correr como homenaje a Antonio Martín.

Le recuerdo una frase de Valdano: “En el entierro lo importante es la madre o la viuda”. Le digo que eso de rendirle homenaje es una salida egoísta que le puede interesar a TVE o a los organizadores de las carreras, pero que a los padres de Antonio Martín les ayudará más

Escuela de Brunete, con doña Segis. Al año siguiente entré interno en los Escolapios.

Mundial del 82. Antiguo estudio 1 de la SER. En este estudio llegamos a dormir, desayunar, comer y cenar.

Mi debú en *Matinal*. Enero de 1982.

Mi primera Vuelta Ciclista a España. De izquierda a derecha:
Eduardo Botas, Javier Mínguez, José Miguel Echávarri y yo.
Todos ellos significan amistad y buenos recuerdos.

Eurocopa 84. El autobús de la Selección espera al seleccionador Miguel Muñoz. España se enfrenta a Dinamarca. La eliminaron por penaltis. Álex Botines y yo preguntamos a Muñoz por su esposa, recientemente fallecida. Muñoz rompe a llorar en silencio.

Mis mejores recuerdos son de los años de reportero por los campos de fútbol. Gil era uno de mis personajes favoritos.

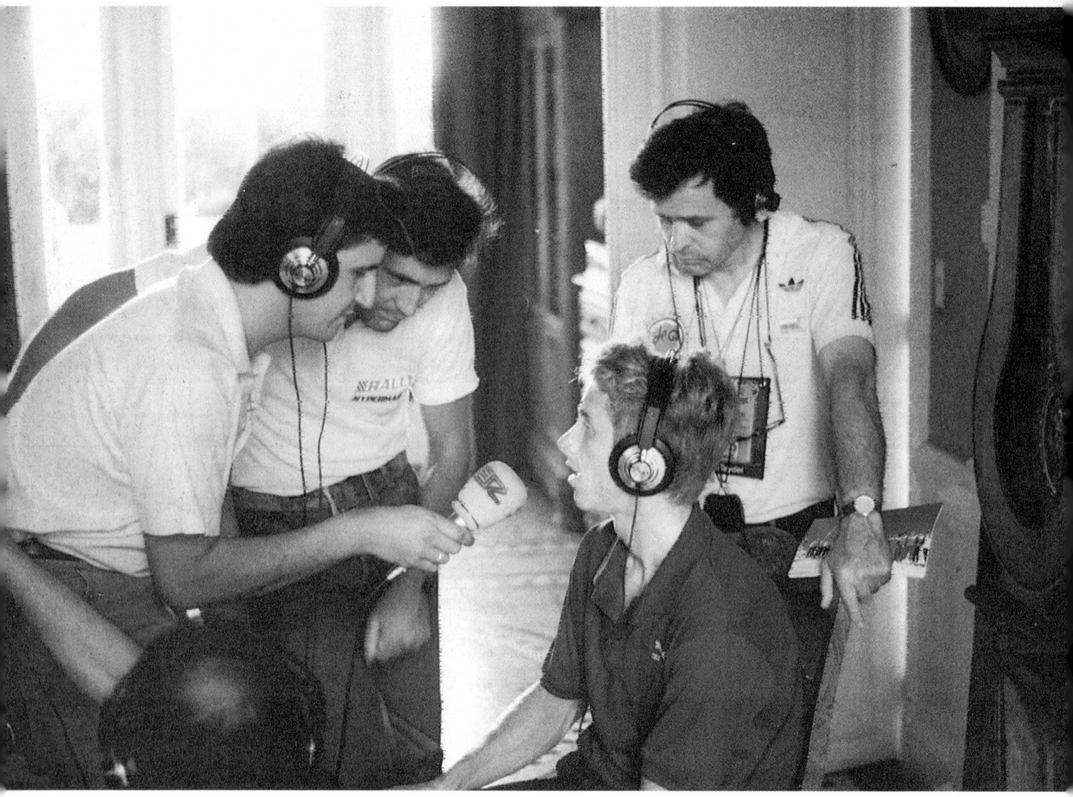

Fue una tarde en el Tour del 89. Lemond era el líder —acabó ganando—. Yo le di muchas palizas a Ocaña para que intentáramos entrevistarle. Al final Ocaña y yo lo conseguimos, junto a Chico Pérez.

Oslo. Campeonato Mundial de Ciclismo. Induráin acaba de conseguir la medalla de plata. Nos dirigíamos hacia el Ayuntamiento, donde le esperaban los Reyes de España.

Pepe Grande, seleccionador nacional de ciclismo, amigo y compañero en tantas carreras como comentarista de la SER.

ver mañana a Induráin, Perico, Mauri, Montoya, Gorospe... Todos en el entierro de su hijo.

Una hora más tarde Echávarri retira a los corredores de las carreras. Todos estarán mañana en el entierro. Sabía que José Miguel haría eso. Le conozco bien.

A la noche, han rescatado una entrevista que le hice cuando finalizó el Tour. Por mi mente han comenzado a pasar imágenes de Antonio Martín este verano, cuando le conocí. Su pelo corto, su sonrisa tímida y el gesto tranquilo. La noche que le recibieron en Torrelaguna cuando finalizó el Tour. Su conversación con Pedro Delgado. Sus sueños de ganar el Tour un día...

Con este ánimo, no sé cómo voy a terminar el pregón del carnaval para mañana en Gijón. Menos mal que no tengo mucho sueño y me queda toda la noche. Mª del Mar y las niñas duermen ya desde hace casi cuatro horas. Algo se me ocurrirá.

Domingo, 13 de febrero

Fue bonito dar el pregón del *Antroxu* ayer en Gijón.

En el avión me encuentro con el Real Madrid, que hoy jugaba en Oviedo. También viene Andújar, el arbitro del partido. Chendo bromea con él. Jaro, muy serio y solitario. Morales viene en seguida a saludarme. Mis hijas le miran extrañadas. Benito Floro, al que yo no había visto, les hace un guiño de simpatía. Las crías no entienden de fútbol ni conocen a ninguno de los futbolistas y apenas se fijan en nada.

En Gijón hace una tarde preciosa. He quedado con Relaño y con Robinson a las 7 en el Ayuntamiento. Mientras, hemos ido a dar un paseo por el muelle hasta el acantilado. Nos vamos cruzando con infinidad de chavalines y charangas disfrazadas. Hasta la estatua de Don Pelayo aparece con pantalón blanco y camiseta a rayas rojiblancas del Spórting.

En la plaza del Ayuntamiento, a las siete menos cuarto, hay tal cantidad de público que las entradas están totalmente colapsadas. Miro por el balcón y comienzo a ponerme nervioso. El alcalde, Tini Areces, un cincuentón pesado, orondo y simpático, es encantador. Llega sin darse importancia y me estrecha la mano agradecido. Hace unos obsequios a mis hijas y se aparta para permitir que una periodista de *El Comercio* acabe sus preguntas. Antes de irse, me dice:

—Oye, necesitamos una copia del pregón.

Eso me descompone. Considero que he escrito algo tan entrañable para mí, que empiezo a sospechar ser un poco cursi y lo mejor será que se lo lleve el viento. Pero si tengo que entregarlo a modo de testamento ya me resulta más grave. Aun así, me encuentro indefenso y cedo. Lo entrego con cierto rubor y se lo llevan para fotocopiarlo.

Aparecen Relaño, Robin y Joaquín Ramos Marco:

—¡Oye!, tienes que escribir algo al inglés!

—¿Y qué le escribo?

Nos vamos al despacho del alcalde y entre Relaño, Javier Asenjo —el director de SER Gijón— y yo, vamos soltando las chorradas que se nos van ocurriendo. Robin las va escribiendo con su bolígrafo sobre un papel que va llenando de tachones y correcciones.

—¡Las siete! —chilla alguien...

—¡Vamos allá, inglés!

Manfredo Álvarez, nuestro jefe de deportes en Gijón, ataviado con un gigantesco sombrero amarillo, de espuma, estilo Lucky Lucke, hace de maestro de ceremonias. Después aparecemos Robin y yo en el balcón.

Suelto mi rollo. Creo que me pongo demasiado sensible para un público tan bullicioso y festivalero. Alguien me chilla desde abajo a modo de canturreo:

—¡Su-per-Gar-cía!

Le chistan y no vuelve a molestar. Hago una referencia a Antonio Martín. Señalo el cielo estrellado de la noche y digo que junto a la estrella de Jesús Castro, esa otra que brilla hoy es la de Antonio. El público rompe en aplausos. Loco por concluir, como si coronara el final de un puerto, alcanzo el punto final para que Robin dé los gritos de rigor y empiece la fiesta.

A la salida, la gente, muy cariñosa, se identifica como oyente de *El Larguero.*

—¡Dale caña al Butano! —me dicen—.

Alguien me hace llegar una carta. Otro un cuadro. Unas señoras quieren que me haga una foto con ellas. Otra quiere un beso y me deja el carmín marcado en los carrillos.

Después de cenar nos llevan al tren. El coche-cama no se hizo para mí. No dormí nada en toda la noche y hoy he estado zombi durante todo el día.

Cuando regresamos al aparcamiento, después del programa, Paco me pregunta:

—¿Qué piensas hacer del tema? —los dos sabemos a qué se refiere—.

—No lo sé. Tenemos que pensarlo bien. ¿Lo sabe alguien más en la redacción?

—Sólo tú.

—Vamos a pensarlo. Ya decidiremos.

—Sí, pero no lo dejes mucho tiempo.

El asunto es complicado. Manejamos la investigación de una *noticia escándalo* que nos llegó el otro día, pero que con la muerte de Antonio Martín la habíamos aparcado. Supongo que me va a traer quebraderos de cabeza. Desde el *caso Albania* gozábamos de una relativa tranquilidad, pero ahora llega esto: un futbolista que se retira de un partido y cobra una fuerte cantidad de dinero de otro club. ¿Será verdad?

En eso estamos.

Lunes, 14 de febrero

Me he reído con Manolete. Venía hecho un pincel. Todo trajeado, con una corbata en tonos rojos y una cartera de piel en la mano, a modo de ejecutivo.

—¿De dónde vienes?

Se me ha hecho el sueco, pero se le escapa una sonrisa de felicidad.

—De cenar con mi señora. Es el día de los enamorados.

Con ese saludo ya hemos tenido cachondeo para media hora.

Antes me llama Javier Martínez de Zúñiga desde Pamplona:

—Oye, ha estado aquí Clemente, dando una charla en la Universidad y no veas cómo te ha puesto. ¿Quieres escucharlo?

—No, me da igual.

—Bueno, se lo mando a Bustillo y que lo escuche él.

La verdad es que no me preocupa, ni siquiera me provoca curiosidad. Supongo que hará su papel. Bustillo viene al cabo de un rato y me dice:

—¡Bah!, es lo de siempre.

Cuando más ajetreado estaba, otra vez el teléfono directo. Es una voz femenina que reconozco de alguna otra ocasión. No tengo tiempo ahora de dialogar y trato de evitar la conversación. Al mismo tiempo me está llamando Oliveros por otro teléfono. La muchacha antes de despedirse me pregunta:

—¡Oye!, ¿tu mujer se llama Begoña?

—No.

—Bueno, pues ten mucho cuidado. El pequeño te está preparando una trampa.

—¿Queeeé?

—Una trampa. ¡Hazme caso, te lo juro! Va a por ti. El otro día escuché una conversación, pero ahora no puedo. Ya te llamaré.

Y cuelga. No le he dado demasiada importancia. Avisos de estos ya me han dado muchas veces y acabas acostumbrándote. Lo que no sé es qué tiene que ver en todo esto el nombre de Begoña. No conozco a nadie con ese nombre, que yo recuerde.

Martes, 15 de febrero

Necesito un día de descanso. Un día sin obligaciones, sin horario ni citas. Un día para ir al cine, jugar al mus, pasear con las niñas, montar en bici. Este fin de semana, con el viaje a Gijón, no he tenido tiempo para levantar el pie y voy acelerado. Noto cómo el humor me va empeorando y eso me pone más alterado conmigo mismo.

El día era soso. Sin embargo a mí me gustan estos días en que tienes que ejercitar la imaginación para hacer el programa. Pones una hoja en blanco sobre la mesa y dices:

—¡Ahí tienes, hora y media de radio! ¡Hazla! Y comienzas a darle vueltas al magín. Me gusta. Sólo que cuando vengo arrastrando cansancio también me flaquea la imaginación.

En Valencia están asustados con la enfermedad de Penev. Morata dice que él no sabe qué es. Amalio Moratalla me llama desde *Marca:*

—Es un tumor en la próstata, pero parece que se soluciona con una intervención quirúrgica que en el 90 % de los casos sale bien. Nosotros salimos con ello mañana.

Decidimos hablar con el presidente del Valencia, Melchor Hoyos, que se cierra en banda y apenas soy capaz de sacarle nada, pero sí parece que es un tumor en la próstata. De todas formas, mañana llega Penev a Barcelona y por la tarde regresará a Valencia.

Le pido a Oliveros que invite al programa para esta noche a Andrés Astruels, de *El Mundo Deportivo* y a alguien del *Sport*. Los dos periódicos están muy picados como consecuencia de un video, con determinados goles del Barça, que regalan esta semana. Hoy martes lo ha regalado el primero y el jueves lo hará el segundo.

Me llama Santi Noya, director de *El Mundo Deportivo:*

—José Ramón, nosotros no queríamos hablar del video esta noche, me parece injusto. Es dar publicidad al video que va a sacar el jueves *Sport.* Lo podías haber hecho anoche, antes de que lo sacáramos hoy nosotros.

Minutos después, me llama José María Casanovas, del *Sport:*

—Oye, mira, nosotros no queremos polemizar con el asunto del video. No quiero dar la sensación de que andamos peleándonos los dos periódicos.

Logro convencerles a los dos de que no habrá tal polémica ni tal pelea.

Al final ha resultado bien. Se trata de debatir el papel de la prensa catalana cuando es el Barça quien está en crisis, en comparación con la prensa de Madrid y su trato al Real Madrid. Ha quedado claro que la prensa de Barcelona hace periódicos para Cataluña y les da a sus aficionados lo que les piden: información del Barça. Los dos periódicos de Barcelona han reconocido a través de Andrés Astruels y José Luis Carazo que son periódicos azulgranas, dirigidos a un público básicamente azulgrana.

El secretario de estado, Rafael Cortés Elvira, me llama a última hora:

—¿Con quién comes mañana?

—No tengo nada previsto.

—¿Podemos quedar?

—Sí, pero con una condición: sólo tú y yo.

—De acuerdo. ¿A las dos y media?

—Perfecto.

Miércoles, 16 de febrero

Ha muerto el abuelo. Me he enterado después de una comida con Rafa Cortés Elvira, en la que goteaba pesimismo por los cuatro costados.

Mientras yo esgrimía argumentos con los que arreglar el mundo, el abuelo ha dicho adiós. Por un momento te sientes extraño, injusto, irresponsable y el alma se te carga de culpabilidades. La verdad es que estos últimos años sabía que tenía un nieto en la radio porque alguna vez le oía, pero poco más. El destino ha querido que éstos últimos días le haya visto más que en los últimos diez años.

Jueves, 17 de febrero

Soy más débil de lo que a veces supongo. En el entierro del abuelo no se me ha caído ni una sola lágrima. Hubiera sido hipócrita y plañidero, porque tampoco me he preocupado de él en vida, pero me he sentido extraño y torpón en esos momentos en que hay que sacar la caja del coche fúnebre y llevarla hasta la iglesia. Mi padre me ha dirigido una mirada suplicante cuando mis primos ya estaban cogidos a la parte anterior del ataúd. Con cierta timidez, yo he asido la parte posterior.

En ese momento de turbación, he visto caer encima del ataúd un ramo de flores humildes, de apenas dos crisantemos y unas hojas atadas con un cordelito y envueltas en un plástico. He levantado la vista y he reconocido a Feliciana, la mujer que le cuidó la casa cuando murió la abuela. La pobre quería recibir un gesto de simpatía mío. Y me hubiese gustado dárselo, pero no podía. En esos momentos, me vuelvo obstinado y taciturno.

La Feliciana me ha cogido la cara y me ha besuqueado entre gemidos:

—¡No te veo hace mucho tiempo!... Pero te oigo en la *arradio* todas las noches.

Martes, 22 de febrero

Me he debido de coger una medio depre, mezclada con un ataque de pereza. No tengo ganas de anotar gilipolleces en estas hojas que todavía no sé qué fin van ha tener.

He comido con un grupo de amigos de TVE. Me cuentan el contrato de Clemente con TVE en el programa que va a presentar.

La idea —me dicen— es de María Antonia Martínez y Rafael Marichalar, que se la ofrecen a El Corte Inglés. En El Corte Inglés no acaban de tragárselo y dicen que *nones*, se lo llevan a Unipublic, y Unipublic dice que les gusta la idea y que le van a buscar patrocinador. Ese *sponsor* es Domecq.

Cuando en TVE se enteran de que Mª Antonia Martínez y Rafael Marichalar están detrás de todo esto, dicen que eso es inviable. Al final, Unipublic deja el *sponsor* en manos de TVE y José Ángel de la Casa propone a Clemente como presentador del programa:

—Tenemos varias reuniones —sigue contándome— y El Tofo (José Ángel de la Casa) nos dice que "evidentemente el seleccionador tendrá que cobrar más que los jugadores, porque él lo va a presentar".

—A todo esto —tercia otro testigo— entró Aquilino y...

—¿Quién es Aquilino? —pregunto—.

—En TVE es el hombre de los dineros. Bueno, pues entró Aquilino y dijo que estaba harto de reunirse y discutir el tema económico con Clemente, porque ¡no veas lo que pide!

—¿Cuánto? —pregunto—.

—No lo sé con exactitud, pero creo que ha sido una pasta. No cuentes nada de esto. Nos hundes, Joserra. Si lo cuentas, tendrás que darnos trabajo en *El Larguero.*

No lo he contado. Encima me he tenido que tragar un informe de Eduardo Torrico en el *AS* diciendo que "el seleccionador ha dado una serie de entrevistas para su programa en TVE con distintos seleccionadores como Sachi, Maturana, Milutinovic... programa por el que no va ha cobrar una sola peseta".

Me lo he tragado como aquellas cucharadas de aceite de hígado de bacalao que nos daba mi madre para abrirnos el apetito. ¡Mierda de cinismo!

Cuando llego otra vez a la redacción, Bustillo viene con una mirada de alegría y cierto tono de intriga:

—No digas nada, pero me parece que te han dado una *Antena de oro* por *El Larguero.*

Debió ver mi cara de ingenuidad y siguió como justificándose:

—Bueno, acaba de llamar el doctor Beltrán casi confirmándolo... Él estaba en el jurado.

Dos horas después un teletipo de la agencia EFE lo ha confirmado. Me ha hecho ilusión, pero, haciendo balance, ahora, de regreso a casa, me he dado cuenta de que todos estos premios tienen una gran carga de injusticia y no debo cerrar los ojos a eso. Pero, ¿qué le voy a hacer yo?

Miércoles, 23 de febrero

Había quedado a comer con Alfonso Arroyo, el nuevo director de Deportes de la Comunidad, Relaño, el alcalde de Brunete, Toni Fidalgo, relaciones externas de la Liga de Fútbol Profesional, y Jesús Samper, secretario general. Se trata de ver la posibilidad de hacer este año un campeonato de España de fútbol alevín con los clubes de primera división. La idea es bonita.

Canal Plus transmitiría los partidos y la cadena SER, a través de *El Larguero*, daría un protagonismo a los críos durante esas fechas.

El año pasado y el anterior, ya me metí en una historia parecida. Te cuesta tiempo, algún gasto extra y, sobre todo, trabajo y berrinches.

Lo haríamos en Brunete, aunque me prometí a mí mismo no meterme en más fregaos de éstos. Sin embargo, veo que vuelvo a las andadas. Aun así, merece la pena. Los críos lo pasan fenomenal; se sienten futbolistas de verdad esos días.

Cuando llego a la radio, Paco y Antonio me muestran la cinta de Super-García anoche, entrevistando a Joao Havelange. La entrevista va en tono *peloteril.* Contrasta con las atrocidades que García le ha estado llamando a este hombre durante años. Todavía recuerdo cuando, no hace mucho, Havelange vino a España y su desayuno en el Hotel Villamagna supuso una factura de 8.000 pesetas. García tuvo tema para varios días con la facturita del desayuno, que a todos nos pareció escandalosa.

Curiosamente, ahora, cuando llega el Mundial, cuando Villar es amigote de García, aunque no se ha puesto a régimen y sus facturas siguen siendo escandalosas por donde quiera que va, García le adula. Me he indignado por la forma en que trata de manipular la opinión pública sobre los personajes según le interese a él.

—Espera, que hay una peor —me dice Paquito—.

Escucho a García alterado, chillón, excéntrico, diciendo a los aficionados del Celta que el Real Madrid les ha humillado, ultrajado, pisoteado con el contrato que le ha hecho a Cañizares para cuando finalice el suyo con el Celta.

Yo me quedo asombrado. Es lo que están haciendo todos los clubes, incluso el Celta. Pero García acaba a gritos diciendo: "¡Esto es para que los aficionados del Celta le peguen fuego a...! —hace una pausa—. Bueno, no me quiero exaltar".

Esa noche, en el programa, se lo he puesto a la gente. Quiero que el personal conozca al *pavo* éste. Las frases constituyen inducción a la violencia. Está clarísimo. Pero supongo que la RFEF, el año que viene, le volverá a premiar con otro millón de pesetas por ser el periodista que más contribuye al *juego limpio.*

Jueves, 24 de febrero

Enrique Franco es el director general de Unipublic. Él es el *Caudillo,* como yo le llamo en tono cariñoso, de la empresa que maneja el ciclismo en España y que organiza la Vuelta. Su amistad con García nunca ha obstaculizado una relación cariñosa con nosotros.

Esta noche venía al programa. El Caudillo ha echado un órdago al equipo ciclista Banesto no permitiéndole correr la Vuelta sin Induráin. Para ello, se ha inventado una normativa, por la que cada equipo español que quiera participar en la Vuelta ha de llegar al 60 % de los puntos internacionales que sumen todos los corredores, con los nueve que alinee en la Vuelta.

Banesto sólo sumaría esa cifra de puntos con la presencia de Induráin. Induráin tiene decidido correr el Giro. La Vuelta la correrían con Perico, en su despedida del ciclismo. Pero Enrique Franco no está dispuesto a ceder.

El asunto está llegando a límites insospechados y ha comenzado a tomar tintes políticos. Ayer, en el Congreso, un diputado del PSOE, Javier Martín del Burgo, preguntó al director general de TVE, Jordi García Candau, los motivos económicos y las pretensiones de Induráin para correr la Vuelta. La cifra que el director general de RTVE hizo pública en el Congreso fue de 500 millones más otra serie de condiciones.

Echávarri, el director de Miguel, está que se sube por las paredes. Dice que ese diputado, el que hace la pregunta en el Congreso, se lo presentó a él Enrique Franco, con lo que sospecha tengan una *buena amistad* y le resulta curioso que ese diputado haga esa pregunta en el Congreso. ¡Como si no hubiera problemas más importantes en España!, bromea Echávarri.

Durante el programa de esta noche ha llamado ese diputado porque quería aclarar el porqué de su pregunta en el Congreso.

El tema está muy crispado y las posturas muy enfrentadas. Han quedado en tener una reunión el próximo martes en el CSD, pero en esa reunión Enrique Franco no quiere que esté Echávarri.

—¿Por qué? —le pregunto—.

—Porque, si no, no estaré yo. Además, van a ir sus jefes. ¡Que sean ellos los que decidan!

A mí me parece injusto. Creo que si en esa reunión no está Echávarri, no se llegará a ningún acuerdo. De repente, caigo en la cuenta:

—¿Bustillo, para el martes hay que tener citada a esta gente! ¡Llamad al CSD! ¡Pero ya!

—Son casi las dos de la mañana —dice Bustillo—.

—Pues hacedlo mañana a primera hora.

Cuando me despido de Enrique Franco, me enseña sus manos y las compara:

—¿Ves? Aquí me falta una vena. Me han tenido que hacer verdaderas perrerías y no estoy bien. Yo creo que todo esto proviene de un estrés en uno de estos circos. Tengo ganas de dejarlo todo.

Su chófer le está esperando. Se introduce en el coche después de despedirse cariñosamente y se pierde Gran Vía abajo.

M A R Z O

Miércoles, 2 de marzo

Ya se notan los días más largos. Han subido las temperaturas y algunos árboles tienen brotes con flores. Parece que empiezo a recuperar los ánimos para seguir anotando chorradas aquí.

Esta tarde se ha solucionado el tema de la Vuelta a España con Banesto e Induráin.

Ayer me encontré con el ministro de la Presidencia aquí en la radio. Charlamos un poco sobre este asunto. Esta tarde me ha llamado Cortés Elvira. Quiere convencerme de su neutralidad en el enfrentamiento Unipublic-Banesto.

A las 9 de la noche llamo a Induráin. Miguel está cenando en casa de su madre. Coge el teléfono su hermano Pruden:

—Espera que ahora te lo traigo.

Unos segundos y oigo la voz serena de Miguel:

—Todo solucionado —le digo—.

—Parece —contesta muy tranquilo—.

—Te voy a llamar esta noche en el programa.

—¡Uffff! No sé si estaré dormido. Además, estoy fastidiadillo. No sé si es que he cogido frío o qué...

Charlamos un rato largo sobre todo el conflicto:

—Ya veremos el año que viene; queda mucho todavía —dice Miguel.

Le cuento mis conversaciones con el ministro Rubalcaba y Cortés Elvira.

—¿Tú te fías? —me pregunta—.

—¿Por qué? —le digo—.

—Porque dicen que estaban apoyando a Unipublic en el Consejo. José Miguel ha debido pasarlo muy mal hoy.

—Mira, yo te cuento lo que me ha dicho Cortés Elvira. Él quería dejar muy claro que no estaba en contra vuestra y le he creído.

Lo que pasa es que ha sido muy dura toda la negociación. Yo sospecho que han debido presionar al Banco.

—¡Quizás! No sé —dice Miguel—.

—Bueno, luego te llamo.

—¡Vale! Aquí estaré.

Manuel Fonseca, el director general de Deportes, llega al programa con el gesto cansado y algunas ojeras. Él ha sido quien ha mediado *oficialmente* para solucionar todo este contencioso. Quizá hemos estado un poco bordes con él. No lo sé, pero me queda la duda. En todo caso, el hombre ha tenido que encargarse de un asunto que desconocía por completo.

Me cuentan en la Federación Española de Ciclismo que, por no saber, no sabía que el Campeonato de España no tiene nada que ver con la Vuelta. Pensaba que el campeón de España era el que ganaba la Vuelta. Le hemos regalado el libro de la *Historia de la Vuelta a España*, de Chico Pérez, e incluso se lo hemos dedicado.

Lama dice que Enrique Franco no quiere hablar conmigo y que le tengo indignado. Lo siento, porque le aprecio, pero supongo que se le pasará.

Espero que a mí también se me pase este mal rollo de estos días. Siento no haber anotado todo cuanto hemos vivido esta semana con el lío de Induráin y la polémica interesada de si va o no va a correr la Vuelta. Hay cosas curiosas, pero he estado jodido y no tenía ganas de nada.

Domingo, 6 de marzo

Me ha llamado Aquilino a primera hora de la mañana. Aquilino es el padre de unos amigos míos, pero se ha transformado en una especie de pariente familiar muy próximo que siempre suele estar cerca de mí:

—Quiero regalarte una oliva para que la pongas en el jardín y tengas un recuerdo mío —me dice—. Porque yo pienso cascar bastante antes que tú.

Me hace gracia la forma en que lo dice. Después me hace un gesto de complicidad y me dice:

—¿Has visto alguna vez parir a una perra?

—No, nunca.

—Ven, pasa por aquí.

Me introduce en una soportalera donde tiene aparcado el tractor. Dentro del cobertizo hay una pequeña caseta de chapa con una pequeña abertura, a modo de puerta. La caseta de chapa es grande. Aquilino se agacha, casi hasta ponerse de rodillas y se introduce en ella. Yo, casi en cuclillas, me inclino y veo a una galga tumbada sobre unos sacos y cuatro pequeños cachorrillos que se cobijan bajo su abultado vientre, aún con los ojos cerrados.

—Ha tenido ya cuatro, pero por la tripa que tiene es de suponer que vengan otros cuatro.

Después hemos ido a elegir la oliva. Me ha llevado a casi dos kilómetros del pueblo, atravesando la carretera, el arroyo, sorteando chaparras hasta llegar a una hondonada donde un centenar de olivas permanecen esbeltas desafiando al tiempo y las sequías.

—De esa linde para allá... ¡elige la que quieras! Las otras no son mías.

Hemos elegido una vieja oliva, gorda y retorcida, bellísima por su tronco viejo y sus brazos abiertos llenos de ramas. Hay que podarla totalmente para transplantarla y dejarla casi en las cruces. La pondré en la entrada de la casa cuando nos cambiemos.

Al llegar otra vez al pueblo, la galga ha parido otros seis cachorros más. Aquilino estaba contento.

Ese rato de la mañana me ha despreocupado hasta la hora de comer, del fútbol y de la radio.

La tarde ha estado envuelta en gritos de goles que me llegan a través de la radio. El Barça ha ganado en Gijón. El Madrid perdía en Lleida y el Zaragoza ha empatado en Coruña con el Depor. El Atleti sigue en su agonía, hoy ha empatado aquí con el Albacete y Gil habla cada vez con más naturalidad y convicción de evitar la promoción.

Poco antes de comenzar el programa me llama Alfredo Relaño:

—¡Pelé! —Me llama así en tono de complicidad y yo a él Coutinho—.

—Dime, Coutinho —contesto—.

—Oye, me dicen los de Lleida que han grabado en el descanso la conversación de Floro en el vestuario y es acojonante.

—¿Qué dice?

—Pues exactamente aún no lo sé, me la traerán ahora, pero creo que es la hostia...

—Cuando te llegue, me lo pasas por el circuito de Canal Plus a la SER y si quieres metemos un fragmento y la anuncio completa para mañana en *El día después*.

—Perfecto. En cuanto llegue, te aviso, pero igual me llega muy tarde...

Efectivamente, la cinta llegó en el avión con los jugadores del Madrid, donde venían Gallego y Lala con los cámaras de Canal Plus.

Gallego entra en el programa desde el aeropuerto con Benito Floro. El entrenador del Real Madrid aguanta las preguntas y se las quita de encima como si espantara avispas mientras come en el campo. Recuerdo la conversación con Lorenzo Sanz, el vicepresidente del Real Madrid, hace menos de una hora:

—Este hombre ha perdido los papeles y lo malo es que no sabemos qué hacer. Me lo estaba preguntando el presidente ahora y no he sabido qué decirle.

—Lo de Laudrup, ¿lo tenéis hecho, verdad? —le pregunté—.

—Creo que lo tiene hecho el presidente, pero yo no te puedo asegurar nada.

—¿Y Valdano?

—No lo sé. Tenemos la duda de cómo le aceptaría la gente aquí después de las dos ligas que nos ha quitado... Pero algo tenemos que hacer.

Cuando entrevistaba a Floro me acordaba de esa conversación. Luego, Gallego me ha llegado con un papel en el que tenía apuntadas las frases que le han grabado a Floro chillando a los jugadores del Madrid en el descanso:

"¡Me cago en Dios!... ¡Jugad como os salga de las pelotas, pero ganad el partido!"

Gallego me enseña el papel y dice:

—Mira, esto es lo que he oído en la grabación, dice muchas cosas más, pero solo me ha dado tiempo a escuchar eso. Creo que mañana, en *El día después* lo van a poner todo.

Lunes, 7 de marzo

Tenía curiosidad por escuchar esta grabación de Canal Plus, ayer en los vestuarios del Lleida. La grabación es mala. Apenas cogen bien las frases, Relaño dice que la va a emitir poniendo un faldón debajo con los rótulos de esas palabras que grita Benito Floro.

Tengo prisa. Se me ha echado encima la hora de la comida y he quedado con Alfonso Arroyo y Jaime Lissavetzky. Gallego me advierte antes de irme:

—¡Oye!, han adelantado a esta tarde la junta directiva del Madrid.

Nos miramos Paquito, yo y Lama, que llega de Sevilla.

—Se cargan a Floro, ¡seguro!

A primera hora de la tarde, me llama Daniel Gavela, el nuevo director de la cadena SER:

—Joserra, ¿has escuchado la cinta de Canal Plus?

—Aún no, pero ya sé de lo que va.

—¿Es muy fuerte?

—Creo que sí.

—¿Qué piensas hacer con las frases duras? Blasfemias y similares.

—Lo estaba pensando ahora.

—No sé, pero deberías ser respetuoso con la audiencia. Sabes que hay gente a la que le puede resultar incómodo escuchar una blasfemia por antena.

Escuchamos la cinta. Apenas se oye con claridad una frase completa. Se oye a Floro, casi agónico, suplicando a sus jugadores mayor concentración y esfuerzo de una manera que impresiona. Suelta unas cuantas blasfemias de pura desesperación.

Le pregunto a Bustillo:

—¿Qué hacemos?

—Yo no pondría las blasfemias en antena.

—¡Vale! Quítalas. Pones un efecto, un pitido, un gong... Lo que quieras.

Gallego me llama desde el Bernabéu:

—¡Oye! Confirmado. Se han cargado a Floro. Luego te llamo, que va a comenzar la rueda de prensa.

A Vicente del Bosque le han dado el encargo de entrenar ahora al Madrid hasta el final de la temporada. Vicente espera nuestra llamada para el programa. Antes de entrar en antena, charlo con él un par de minutos. Se le ve que acepta el cargo como al que le toca llevar a un enfermo al hospital. Levanto la vista, Segurola charla con Valdano. Miro el reloj. Faltan seis minutos para las 12. Le pido el teléfono a Segurola:

—¡Jorge!

—Sí, ¿que tal?

Le noto preocupado con el asunto del Madrid. Noto también que le ilusiona la idea de entrenar al equipo, pero observo que se siente pesimista.

—Creo que van más a por Heynckes y Maturana.

—No creas —le digo—. Mendoza cree que Maturana es Floro pero en negro y lo de Heynckes lo tiene muy atado el Atletic.

De camino al estudio, llega Gallego:

—Vengo de casa de Floro. Lo siento, chico, he intentado entrar en su casa, como amigo suyo, ¿sabes?, pero no ha querido. Dice que terminaría por entrevistarle en *El Larguero.*

—Y no se equivocaba —le contesto—.

—¡Claro! Pero, ¿qué quieres que le haga?

—Nada. Lo has hecho de puta madre, Galleguín. Ahora, una cosa sí quiero decirte, aunque no me gusta dar consejos ni dogmatizar. He llegado a la conclusión de que a nosotros nos miran siempre como periodistas, gente a la que ellos quieren utilizar y defenderse de nosotros, según venga el aire. Es más, te hago una pregunta y contéstamela si puedes. Dices que Floro es amigo tuyo, pero si tú esta noche le dices: si no consigo pasar a tu casa y entrevistarte, me echan, ¿crees que te habría contestado? ¿Crees que te habría dejado pasar? ¿Crees que le habrías importado tú más que su estado anímico?

—No lo sé —dice Gallego, pensativo—.

Suena la sintonía, entro en el estudio. Esta noche hay más gente que de costumbre. Será por lo de Floro.

Martes, 8 de marzo

Son las tres de la mañana. No tengo sueño, pero me entra cansancio de pensar que mañana he de madrugar para ir a Salamanca. Joaquín Ramos Marcos me ha comprometido en la Universidad para una charla-coloquio en la que se han caído del cartel Robinson y Manolete. No puedo dejarle tirado. Iré solo, pero es una putada.

Esta tarde han estado los de Telemadrid instalando unas minicámaras para grabar el jueves por la noche un *Inocente, inocente* con un inglés. Pretenden hacerle creer que el Cádiz le contrata como entrenador y que Gil está detrás para llevarle al Atlético. Quieren que todo ocurra en *El Larguero* en directo. No sé cómo acabará el asunto. He prometido colaborar y ayudarles.

En todo caso, les he dicho que, una vez que graben *la putada,* que sea Michael quien decida y dé su consentimiento para que se emita o no. Me han prometido que siempre lo hacen así.

He hablado con Juanito, el jugador del Atlético de Madrid. Está muy molesto con Gil por esas declaraciones del presidente en las que ha venido a acusarle de entrenar mal y poco. Juanito prefiere que, en el programa, hable su representante, Carlos Capote, un viejo tinerfeño que le lleva sus contratos con Gil.

—Habla mejor con el viejo. El viejo a Gil le pone firmes y yo sé que si hablo va a ser peor. Le conozco bien, ¿entiendes? A final de temporada, si puedo, me largo, pero ahora lo mejor es no liar más las cosas. Me pueden hacer mucho daño.

Entre las cartas de oyentes, veo un sobre abultado. Lo abro y me encuentro un libro que me envía Cortés Elvira: *Posicionamientos.* Con una dedicatoria: "Por el cariño y la amistad que te tengo, espero te resulte útil".

Después del programa me avisa Damián:

—Llama a Lorenzo Sanz.

Le llamo:

—Oye —me dice—, en la junta directiva de ayer el nombre de Luis Aragonés no salió para nada. ¡Te lo aseguro!

Miércoles, 9 de marzo

Me enamora Salamanca en esta época del año. No hace frío. Los días ya son más largos y la piedra de sus calles tiene un brillo especial.

La charla-coloquio era en el aula de la Caja de Salamanca. Los estudiantes de Ciencias de la Información han respondido llenando la sala.

Cuando he levantado la vista, desde el estrado del escenario, he contemplado esos rostros, algunos de ellos descaradamente jóvenes, que miraban hacia Joaquín Ramos Marco y hacia mí con gesto posiblemente de admiración. Supongo que son los mismos ojos, la misma mirada mía cuando el García vino a darnos una charla a la facultad en Madrid y yo estaba allí. Me he sentido injustamente privilegiado y he bendecido mi suerte. Después me he dicho: lo que les vayas a contar, que sea con toda la sinceridad que tengas y con toda la humildad que puedas... Tú estabas ahí delante hace unos años y sabes lo que se siente. Se siente envidia, inseguridad y ansias de llegar.

He comenzado diciéndoles que me sentía muy cerca de ellos y de sus problemas en la facultad, que veo son todavía los mismos que en mi época de universitario. Luego les he contado cómo conseguí encontrar trabajo, que, en el fondo, es lo que más desean saber.

Había un tipo de negro, largas patillas y aire muy intelectual que estaba sentado en la primera fila. Me ha preguntado qué me parecía el anuncio que sale estos días en televisión sobre *El Larguero*, con la imagen de un actor que imita a Charlot en la película *El gran dictador* y en la que, a su vez éste imita a Hitler. Le he contestado que yo era el trabajador que curraba la viña, pero no el que anunciaba el vino. Él ha seguido insistiendo:

—Está claro. Eso va por el García —me ha dicho—.

—¿Tú crees? —le pregunto—.

—¡Sí!

—¿Por qué? Si García anunciase su programa con un anuncio similar, yo no me daría por aludido. Eres tú quien está admitiendo la comparación.

El tipo ha comenzado a leer unas notas que llevaba escritas —supongo que por alguien que no era él—, diciéndome que le defraudaba mi forma de hacer radio, ridícula, chabacana y de circo y que no iba a permanecer más tiempo en la sala. Le he hecho un gesto de aprobación, pero los estudiantes ya habían comenzado a silbarle y casi le habían obligado a abandonar el recinto. Lo he sentido de verdad, pero estoy convencido de que iba dirigido para intentar reventar la charla. Se marchó cuando llevábamos apenas diez minutos de coloquio y ya no supe más de él.

Eso sí, luego, de vez en cuando, alguno de los estudiantes decían lamentarse por tenerle como compañero. Tampoco creo que sea para tanto.

De camino a Madrid, me entero de la dimisión de don Fermín Ezcurra como presidente del Osasuna.

Morata me dice que Francisco Roig es el nuevo presidente del Valencia.

—He quedado con él esta noche. ¿Te parece bien?

—De acuerdo.

Cuando doy paso a Valencia, Morata me cuenta que Francisco Roig está reunido con su junta directiva. Quiere cesar a Héctor Núñez como entrenador.

—¡Pero si acaba de ser nombrado presidente esta noche! —le digo—.

Bustillo me hace una seña. Le entiendo a la primera. Francisco Roig está hablando con el Butano.

Al finalizar el programa, Morata me llama desolado:

—¡Este tío es un...! Me ha engañado. ¡Es un cobarde! Se ha ido con el Butano por miedo. Pensaréis que soy idiota.

—No pienso nada de eso, Perico. Tú estabas donde tenías que estar. Además, la valentía no es una cualidad que tenga todo el mundo.

—Pero me había dado su palabra...

—Ahora, ya sabes que no la tiene.

Camino del *parking*, Toni Fidalgo me habla del Pichi Azuara:

—Sería un tipo ideal para tu programa, piénsalo. De todas formas, Joserra, te noto un poco triste de unos días para acá. No sé, pero te falta alegría. No eres tú.

He venido pensando en esto. Es posible, pero lo superaré.

Jueves, 10 de marzo

Me despierta a primera hora Ramón Gabilondo para confirmarme que Ares viene a la SER.

Comemos con Lorenzo Sanz, vicepresidente del Real Madrid y candidato a la presidencia, si alguna vez Mendoza convoca elecciones. Lorenzo está eufórico. Paquito le pregunta por el próximo entrenador:

—No lo sé —dice—. Sé que el presidente viene esta noche de Lisboa y que el sábado no va a estar en el partido frente al Rayo.

—¿Por qué?

—Porque se va mañana a París. Allí estará el equipo.

Le preguntamos por su postura negativa a que venga Valdano al Madrid:

—De verdad que yo no tengo nada en contra de Jorge. Lo que pasa es que puede haber sectores del madridismo a los que les cueste admitirle como entrenador.

Le acorralamos un poco. A mí me rechina que haya llegado a estar relacionado con Fuerza Nueva:

—Sólo negocié la publicidad para la revista. Simplemente fue una relación comercial, de negocios. Nada más.

—De lo que estoy seguro es de que no eres de izquierdas, por eso no debes ser tú muy partidario de Valdano.

—¡Que no! De verdad que no tiene nada que ver...

Cuando nos despedimos en plena Gran Vía, nos dice:

—Os voy a adelantar lo que va a ocurrir en el Madrid. Dentro de unos meses va a haber que avalar dinero y se van a ir casi todos. Por supuesto, Mariano Jacquotot. Nos quedaremos unos pocos, que somos los que avalaremos dinero. Entrará alguien más en la Junta Directiva, comenzará la temporada, Mendoza convocará elecciones, yo seguiré en el club como presidente en funciones y estoy seguro de que no se va a presentar otra candidatura más que la mía. Ya lo veréis.

Como cuento de la lechera me ha parecido válido, pero nada más.

Cuando subo a la radio, me están esperando los de Telemadrid. Para esta noche en el programa tenían pensado grabar un *Inocente, inocente* con Robinson. El inglés se ha largado a San Sebastián y no estará esta noche. Lo tenían todo preparado y se muestran desesperados. Lo van a dejar para el próximo miércoles.

Durante el programa he conocido al nuevo presidente del Valencia. ¡Dios, qué tío más borde! No sé si habrá sido la primera impresión o que no hemos sintonizado, pero me ha parecido un tipo engreído. De momento, anoche, a las tres de la madrugada, cuando sólo hacía unas horas que le habían elegido presidente, se cargó a Héctor Núñez como entrenador.

He tratado de explicar en la redacción las ventajas de que venga Javier Ares a la SER. Les he notado recelosos. Es lógico. La verdad es que yo aún no he hablado con Ares... Tendré que hacerlo.

Viernes, 11 de marzo

Es demasiado tarde, pero no tengo sueño. Estas horas de madrugada, incluso los viernes, mi día libre, no consigo que pasen relajadas para mí. Espero a que Alcalá termine el programa y después busco en la tele algo que me entretenga. Esta noche he acabado en el despacho con la biografía de Santiago Bernabéu, que me ha enviado Jaime Martín Semprún.

Sin embargo, hoy ha sido un día especial. Quizá por eso no quería que pasara inadvertido en este diario.

Hoy he conocido de cerca al maestro Chenel, a Antoñete. Me ha llamado Relaño para que fuéramos a comer con él. Vive en una finca, cerca de Brunete, entre la carretera que va de Valdemorillo a Navalagamella.

Durante la comida —come muy poco— fuma un cigarro tras otro. Llevaba una gorra campera que no se ha quitado ni en la mesa. Habla sereno y pausado y explica las cosas sin gesticular demasiado y con un lenguaje perfecto, de castellano viejo, campero, aunque a veces tiene un ligerísimo tono andaluz, que siempre se pega en el mundo del toro.

Me ha hablado del miedo, que no es miedo, es irresponsabilidad. Y luego me ha estado escuchando con mucha atención hablarle de las hazañas de Induráin y Perico en el Tour.

—¡El Tour! Eso tiene que ser otra cosa. Se les ve sufrir hasta morirse. ¡Dios, ahí sí me gustaría a mí ver una etapa!

—¡Eso está hecho, maestro!

Y hemos quedado en que este año irá a una etapa del Tour. En contrapartida, me ha confesado que Manzanares, cuando torea bien, es el que más le gusta; que Manolete le alucinaba por su honradez con el público y que Manuel Benítez es el hijo de *El Cordobés*, "porque ante el toro no se puede fingir y hay cosas que se heredan y te salen como son".

Antoñete vive con Karina, una francesa que habla tan bien el español que yo pensé que era de por aquí. Es una mujer joven, de poco más de treinta años y muy agradable. Nos han estado enseñando sus vacas bravas que acaban de parir. Lo hacían con tanta ilusión, que me he dado cuenta que la diferencia de edad no es obstáculo para el amor, cuando el amor existe. Karina escucha con atención al *maestro* cuando habla y Antoñete da la sensación de estar totalmente entregado y confiado a las decisiones de Karina.

De repente, el cielo se ha encapotado y ha comenzado a llover con mucha fuerza. Los ternerillos buscaban cobijo en su madre, mientras Antoñete reprendía a los perros por hostigar a las vacas.

Con todo esto, se nos ha olvidado una reunión con el cura para la comunión de Lucía.

Martes, 15 de marzo

He de tener un poco de cuidado con las entrevistas que me vienen a hacer los estudiantes. Se empieza a hacer reiterativa la pregunta sobre PRISA y lo que algunos llaman el monopolio de la radio. Muchas veces no sé ni de dónde son, ni para quién es la entrevista. Me limito a atenderles con la mayor amabilidad que puedo, recordando mis tiempos de universitario, pero a esas horas estoy cansado y no mido bien lo que digo y algunos resultan un tanto sospechosos. Hoy por ejemplo, esta noche:

—Mira, somos estudiantes de Derecho y tenemos que hacer un trabajo para la facultad. Queríamos hacerte unas preguntas. ¿Te importa?

—De acuerdo —contesto, mientras voy recogiendo las cosas—.

—¿Qué te parece a ti el monopolio de Polanco en la radio?

—¿Cuántas cadenas de radio conoces tú? —le pregunto yo—.

Él duda un poco. Es un gafitas con bigote. Viene acompañado de otros dos, que, hasta el momento, no han dicho nada.

—Supongo que las que tú.

—¿Cuántas? —insisto en la pregunta—.

—Pues... la SER, la COPE, Onda Cero, Radio Nacional, Antena 3, Cadena Ibérica...

—Y cuántas de ésas son de Polanco, como tú dices?

—La SER y Antena 3, ¿no?

—Bien, la SER y Antena 3 pertenecen al Grupo PRISA. Me has citado otras cuatro más. ¿Por qué hablas de monopolio?

El chaval duda un poco. Uno de los que le acompañan se arranca con otra pregunta, mientras me acerca más la grabadora.

—Y... ¿Qué opinas de Polanco?

—No le conozco.

—¿No le conoces y trabajas en PRISA?

—¿Tu padre en qué trabaja? —le pregunto.

—Es militar.

—¿Y conoce al ministro de Defensa? Mira —intento no parecer enfadado, pero estoy cansado; son casi las dos de la mañana—, yo pongo ladrillos en mi empresa. Lo hago lo mejor que sé, pero no me preguntes quiénes son los accionistas de la constructora. Yo te aseguro que mis ladrillos van bien puestos y que a mí me pagan lo estipulado. ¿Entiendes?

Al final, la conversación se enreda. Yo quiero irme. Me retienen con más preguntas. No quiero parecer engreído, pero me dan ganas de dar un portazo. Termino por hacerlo.

Son varias las escenas similares que me están tocando con asuntos parecidos. A veces contesto la primera chorrada que se me viene a la cabeza, sin importarme la grabadora. Creo que debo tener más cuidado con eso. Otras veces la conversación acaba de forma más agradable. Hace unos días, también con unos estudiantes de Derecho, incluso me hice unas fotos con ellos.

Camino del aparcamiento, Relaño me dice que alguien le ha chivado a Robinson que Telemadrid quiere grabarle un *Inocente, inocente*. Recuerdo la frase de la productora: “Si notáis que sospecha algo, decírnoslo, ¡por favor!”

Domingo, 20 de marzo

El Zaragoza le ha ganado al Atleti 0-4. Cuando han marcado el tercero, le he mandado a Alcalá que se fuera al estadio Calderón:

—Quiero que cuentes bien la opinión de la gente. Graba todo lo que te parezca interesante a la salida del campo.

El Madrid ha ganado en Logroño. En la redacción hay un ambiente entusiasta a favor de Vicente del Bosque:

—Es un tío de puta madre —dice Lalaguna.

Damián cuenta que la otra noche el García, cuando habló del nuevo entrenador del Real Madrid, dijo: "De Vicente del Bosque no voy a decir nada, porque, bueno, tiene un problema familiar con un hijo... y me voy a callar". Cuenta Damián que uno de los hijos del entrenador tiene una enfermedad y que cuando la mujer de Vicente del Bosque escuchó eso en la radio, indignada, quiso llamar al García, pero que Vicente del Bosque no se lo permitió.

—Te lo digo —me dice Damián— por si se tercia alguna cosa.

Esta noche estaba yo con ganas de hacer radio. Me ha subido la moral y me he sentido útil. Llevábamos media hora de programa (los domingos empezamos a las once y media), he mirado el reloj y marcaba las doce y un minuto. Lalaguna me deja una nota escrita a bolígrafo con muchas prisas: "Butano acaba de dar que Jorge D'Alessandro es el nuevo entrenador del Atleti". La leo en antena omitiendo lo de Butano.

Estos días he reflexionado un poco. No quiero pasarme con los calificativos estúpidos. Sí quiero una profesión habitable para todos. Tal vez tenga que amainar un poco en todo eso y me he prometido intentarlo.

Yo estaba entrevistando a Abel y, cuando le he contado que Jorge d'Alessandro podía ser su nuevo entrenador, ha estado a punto de tomárselo a broma. Me he dado cuenta.

Sin embargo, Abel es listo, está muy curtido y tiene tablas. Enseguida he retomado la conversación por el lado serio y he sabido salir airoso de la embestida.

Lama y Gallego venían de Logroño en el coche. Me cuentan que Prosinecki se ha mosqueado un poco porque le he preguntado si fumaba mucho. Me cae bien Prosinecki. Especialmente porque veo en sus ojos lo que ha sufrido. Me da la sensación de que su vida es una ensalada aliñada con grandes chorros dulces del éxito y grandes chorros amargos del fracaso y la guerra de su país. Pero

Prosinecki fuma mucho. Por lo que me cuenta Gallego, fuma demasiado.

Al finalizar el programa, casi en el ascensor, le he dicho a Bustillo que por qué no traemos mañana a Jorge d'Alessandro al programa. Me ha mirado con una sonrisita:

—Ya lo ha tenido García esta noche. Y a Gil.

—No importa —le digo—, búscale y dile si quiere venir.

He venido pensando en no caer en la bajeza de descalificar a Jorge d'Alessandro por su amistad con García. He recordado las pocas veces que le he visto: una fue en Salamanca, el año pasado en la Vuelta. Iba en un BMW negro y bajó la ventanilla para saludarnos muy amablemente. Especialmente porque conmigo iba Joaquín Ramos Marcos. La otra vez fue en el AVE Madrid-Sevilla. Iba al partido España-Dinamarca y la conversación fue amena. Noté que él quería alambrar su parcela de opinión propia, dejándome claro que no era esclavo de nadie. Le capté el mensaje.

Si él quiere, le conoceré mejor en el programa.

Lunes, 21 de marzo

San Serapión. Boda de Manolete. Por la mañana he tenido que descolgar un poco el teléfono para poder trabajar tranquilo. Quería leer un poco, tenía cosas que escribir y además plantear un poco el programa para no estar muy pillado con la boda.

Cuando cuelgo el teléfono me llama el padre Daniel:

—Joserra, ¿querrás leer la lectura de los fieles esta tarde?

—¡Claro!

Luego Luis Cuervas, el presidente del Sevilla:

—¡Dale un abrazo a Manolete!, y dile que no puedo ir.

Después, de una emisora de Toledo:

—Es para ver si podías venir un día... Estamos promocionando la emisora... Somos nuevos y...

Más tarde, Antonio Martín Valbuena:

—Hermano, ¿qué piensas hacer esta noche?

—No lo sé. ¿Habéis hablado con Jorge d'Alessandro?

—Sí, dice que no tiene ningún problema en ir al programa.

—De acuerdo. Como algo, me arreglo y voy para la radio.

Manolete estaba nervioso. Cuando me ha visto, nos hemos abrazado, mientras me susurraba al oído:

—Hay muchos fotógrafos.

Villar y Gerardo González han evitado saludarme de manera diplomática. Gil ha llegado con la misa empezada y se ha colocado en la parte trasera del templo, él solo, con un guardaespaldas delante y otro detrás. Javier Gómez Navarro, el ministro de Comercio, llega con su esposa, joven, guapa y elegante, y una niñita preciosa, que deduzco es su hija, se ha colocado delante, casi a mi lado, me ha hecho un guiño de complicidad abriendo los brazos y señalando con la cabeza el altar donde Manolete ya estaba diciendo el sí al padre Daniel.

El padre Daniel ha estado partidista conmigo en el sermón. Ha hablado de *El Larguero* como un gran programa de radio, donde saltó la noticia de la boda.

A la salida de la iglesia, los de la peña Belfast, Iñaki Cano, José Ángel de la Casa, Antonio Jiménez... han traído una vaca, que es el símbolo de la peña. La vaca estaba tranquila, atada a una de las verjas de la iglesia.

Manolete ha disfrutado la broma. El cura de la iglesia, un señor mayor, chaparrito, con gafas, se ha acercado incrédulo a ver al animal. Yo le he dicho que era cosa de Gil. El cura se ha acercado al presidente del Atlético y con voz pausada le recriminaba como con temor a molestarle:

—¡Pero, hombre, señor Gil! —le decía con las manos entrelazadas— ¿Cómo trae usted una vaca a la iglesia?

Gil le miraba asombrado, aunque rápidamente se ha dado cuenta de que era cosa mía y me ha señalado con el dedo índice:

—¡Padre, ha sido aquél de allí!

Pero el cura insistía:

—Señor Gil, ya sé que usted tiene caballos y ganadería, pero aquí, a la iglesia, ¡una vaca!

A todo esto, Manolete no paraba de hacerse fotos junto a la vaca. Alfredo Relaño ha mandado filmarlo y lo han puesto en Canal Plus, en *El día después.*

De la iglesia he marchado a la radio. Cuando llego, Bustillo me dice que Jorge d'Alessandro no quiere venir al programa porque está muy cansado, pero que por teléfono no le importa.

—Llámale —le digo—.

—Se ha ido del hotel, pero está en Tele 5.

—Entonces, llama a José Javier Santos.

José Javier me dice que tiene a D'Alessandro al lado, a punto de llevarlo a maquillar para su programa, pero me lo pone al teléfono.

—Estoy muy cansado —dice D'Alessandro—. Llevo un día criminal. ¿No podría ser por teléfono?

—Podría —contesto—, pero prefiero verte la cara. Para mí es una entrevista un poco especial por las dudas que me crea. Supongo que me entiendes, ¿no?

Él no contesta. Guarda silencio como si estuviese pensándolo. Yo sigo.

—En todo caso, si tienes algún problema, por alguna razón concreta, me lo dices ahora y así lo sabré.

—¡Ninguno, che! Sólo eso, que estoy cansado. Pero, está bien. A las doce en punto estaré ahí.

D'Alessandro no acude a la cita. A las 12, el auditorio de la Asociación de la Prensa de Madrid, donde hacíamos esta noche el programa, estaba lleno. Cuando está sonando la sintonía, Bustillo se me acerca:

—Ha llamado D'Alessandro. No viene, pero que si quieres por teléfono, está en el hotel. ¿Qué le digo?

Se va a acabar la sintonía. Bustillo me mira esperando una contestación. Voy a contestarle: "¡Dile que se vaya a tomar por el culo!" Pero me contengo. Pienso que igual es injusto, que estará reventado. Pienso que igual de cansado ha ido a Tele 5. Pienso que no puedo ir por la vida imponiendo citas. Pienso que los oyentes de *El Larguero* no van a conocer a D'Alessandro por culpa de un cabreo mío que ellos tampoco conocen y sería injusto.

Recuerdo aquella consigna que nos pusimos hace tiempo: "El oyente siempre tiene razón".

Está acabando la sintonía, Bustillo insiste:

—¿Qué le digo?

—Dile que de acuerdo. Pínchale por teléfono.

Martes, 22 de marzo

Luis Figuerola Ferreti y Javier Capitán son un genuino sabor de *La verbena de la Moncloa.* Ferreti es abogado, elegante, distinguido, y en el trato cercano, un poco cascarrabias. Capitán es licenciado en Económicas, más campechano en el trato y su sonrisa pinta un aire simpático en su barba rubia.

El domingo me encontré en el despacho una cinta grabada con una nota: "Joserra, hemos grabado esta tira para el programa de Iñaki. Mira a ver si te puede valer a ti también".

La tira es buenísima. Es una caricatura del programa que empezó Clemente en televisión el domingo.

Parece ser que García, anoche, les puso a parir en una de esas alocuciones en las que comienza a insultar a todo lo que es grupo PRISA.

A García, como a todos los dictadores, la ironía y la sátira le irritan, porque los dictadores no tienen sentido del humor.

Ferreti me ha llamado esta tarde muy preocupado:

—Joserra, esto es demasiado. ¿Dónde vamos a llegar? Es una guerra tan sucia, tan barriobajera...

—¿Y qué quieres? —le he preguntado—.

Capitán no se ha inmutado, pero sí tenía cierta preocupación porque Ferreti quedase influenciado.

A todo esto, en Valencia, Clemente me ha dedicado casi media rueda de prensa con sus más distinguidos *epítetos*. Pretende involucrar a los jugadores de la Selección, haciéndoles creer que también soy enemigo suyo. Como táctica, es propia del cobarde. Busca más aliados y quiere que esos aliados sean los jugadores de la Selección. Me llaman Gallego y Lama:

—Los jugadores... Bueno, todos no, pero algunos están mosqueados.

—¿Quiénes?

—Voro y Zubizarreta, que sepamos. Les ha dicho que te ríes de ellos y que les ridiculizas.

En la tira de Ferreti y Capitán aparecen los nombres de Voro y Zubizarreta y supongo que eso es lo que ha aprovechado Clemente para tratar de encizañar a los futbolistas.

La tarde es agobiante. Infinidad de llamadas que Bustillo filtra, atiende y soluciona. Han operado a Paquito González de la rodilla y no encontraba un hueco para poder llamarle. A última hora lo consigo. Está adormilado. Ha sido una artroscopia y mañana regresará a casa.

—Te llaman de Linares.

—¿Quién? —pregunto—.

—No, no. Es José Antonio González-Linares.

—¡Ah! Sí, pasádmelo.

González-Linares es aquel grandísimo ciclista que luego fue director del Teka y después del Seur. Ahora no tiene equipo y me propone venir a la Vuelta con nosotros.

—He hablado con Javier Ares y me ha dicho que te llame...

Me gusta la idea de tener a Linares y a Belda como comentaristas, pero, sobre todo, no quiero imaginar a Linares en su casa, viendo la Vuelta por televisión después de tantos años en la carretera.

No he querido perder tiempo. He ido al despacho de Gabilondo y le he sugerido la idea. Creo que lo conseguiré.

Miércoles, 23 de marzo

No tengo sueño. El día me ha llevado a tal velocidad que aún estoy a muchas revoluciones. Sin embargo, no me encuentro cansado. Estoy fresco como si acabara de levantarme.

Habíamos quedado a comer la cuadrilla esa que nos reunimos en torno al doctor Martín Píes de vez en cuando. Es decir, Sergio Sauca, Amalio Moratalla, Joaquín Sánchez y un servidor. Javier Martín Píes nos escucha hablar atropelladamente, interrumpiéndonos, alterándonos a medida que el tema profundiza en la situación. Yo creo que Javier, como psiquiatra que es, en el fondo nos está analizando y cualquier día nos sorprenderá con algún ensayo de psiquiatría sobre la esquizofrenia del periodista.

Sergio Sauca me dice nada más sentarnos:

—¿Has leído *El País?*

—No del todo. Sólo por encima. Aún no he tenido tiempo.

—¿No has leído lo de Juanele y el Butano?

—¡No! —contesto sorprendido—. No sé qué ha pasado.

A grandes rasgos, me cuenta cómo después de que Juanele, el jugador del Spórting, tuviese una pelea en Santander el sábado y le rompiese la nariz a un chaval, que era el sobrino del alcalde, el Butano parece que ha llamado al padre del chaval, presionándole para que retire la denuncia. Lo que no sabes es que el padre del chaval le tiene grabado al Butano.

Me levanto de la mesa y llamo a la radio. No está Bustillo.

—Ponseti, llama a Santander. Dile a Claudio Acebo que busque al chaval al que le rompieron la nariz el sábado.

Cuando llego a la radio, Bustillo ya está en el asunto:

—Claudio Acebo dice que no puede moverse de la radio, que esta tarde está poniendo discos en Dial. Pero, si quieres, te da el teléfono del chaval. Aunque ya ha llamado y tiene un contestador. No lo coge.

Llamo a Claudio. Le muestro mi extrañeza cuando me he enterado de que el chaval no ha retirado la denuncia en contra de lo que contaban anoche.

—Busca al chaval. ¡Encuéntralo!

La Selección española juega en Valencia contra Croacia, a las 9,30. Aún no ha empezado el partido y suena de nuevo el teléfono. Claudio está con el chaval al que Juanele le rompió la nariz. El muchacho es agradable. Tiene 20 años y me dice que estudia Empresariales y es oyente fiel de *El Larguero:*

—Escucho la SER desde los 14 años —me dice—. La noche de la pelea en quien primero pensé fue en ti.

—¿En mí? —pregunto sorprendido—.

—Sí, en ti.

—¿Por qué?

—Te iba a haber llamado.

—¿Por qué no lo hiciste?

—Porque Santander es muy pequeño y todo se sabe. Me convencieron de otra cosa.

El muchacho no quiere hablar, pero me dice que cuando acabe el partido de balonmano volverá a llamarme. Dudaba de que lo hiciera, pero lo ha hecho. Durante casi una hora he tratado de convencerle para grabarle una entrevista. No quería de ninguna manera.

—Mañana te llamo —decía él—.

—Mañana, ¿para qué? —le preguntaba yo—.

—Mañana puedes tener grandes noticias.

Y de allí no le sacaba. Al final, me comenta que mañana le ha dicho García que va a Santander y que hablará con él.

—Pero, ¿es verdad que te llamó? ¿Es verdad que te presionó y que tu padre le tiene grabado?

—Sí, es verdad; pero no quiero decir nada. Vamos a esperar a que venga mañana a ver qué dice.

—Cuéntamelo esta noche.

—No, ¡joder!, esta noche no. Espera a mañana.

Yo le insisto en que si esta noche no me da esa entrevista, mañana puede ser un poco tarde. Le prometo no preguntarle nada sobre el tema de la pelea con Juanele. Al final, y después de una hora, cuando ya me dolía la oreja de la presión del teléfono, accede.

—Pero sólo dos minutos —dice—.

En la entrevista no dice nada. Deja entrever ciertas cosas, pero no dice nada. Al final, me dice que hay alguien a su lado a quien le hace ilusión hablar conmigo. ¿Puede ponerse?

—¡Claro! —contesto—.

La voz es un poco más veterana.

—Mira —me dice—, he estado escuchando y...

—¿Cómo te llamas? —le interrumpo—.

—Es igual. Yo no soy tan seguidor vuestro como Nacho, pero quiero hacerte algunas preguntas. ¿Vale?

—De acuerdo —contesto, mientras sospecho que me están grabando—.

—¿Tú que crees que va a pasar mañana cuando venga García?

—No lo sé.

—Sí lo sabes —dice un poco nervioso—, contéstame. ¿Qué va a pasar mañana cuando venga García a Santander?

—¿Os vais a ver con él? —pregunto—.

—Te he dicho que las preguntas las iba a hacer yo y no me estás contestando.

—No te puedo contestar adivinanzas. Yo no sabía que García fuese a ir mañana a Santander. Me lo habéis dicho vosotros...

—Pero, ¿qué crees que quiere?

—Supongo que retiréis la denuncia. ¿La vais a retirar?

—No. Bueno, eso ya se verá...

—¿Es verdad que le tenéis grabado?

—Mañana igual te enteras. Nacho te ha dicho que te va a llamar y te llamará. Pero, una cosa... Tú ¿por qué no te has interesado antes por esto?

—No lo sabía. Me he enterado hoy en una comida de amigos.

—¡Mentira! Es porque lo has leído en *El País*.

—Eso también. Pero después...

—Mañana te llamará Nacho. Ahora, enséñanos lo que has grabado. Queremos escucharlo.

Regreso a la redacción. Bustillo se queda enseñándoles la cinta que les he grabado. Dan su conformidad y quedan en llamarme mañana.

Un buen amigo de Onda Cero me llama.

—Joserra, investiga eso. A nosotros nos han prohibido hablar del tema.

—¿Quién?

—Te lo puedes suponer. Ha habido una llamada de arriba y Soria nos ha dicho esta noche que ni una palabra de este asunto. Fíjate que fuimos nosotros quienes lo descubrimos. El chaval nuestro de Santander dice que ha oído la cinta en que tienen grabado al Butano y es la leche...

—¿Por qué no la ponéis?

—¿Estás loco? Ya te he dicho que nos han prohibido hablar de eso.

—Ten cuidado —le digo—.

—Tranquilo. Nadie sabe que te llamo.

En el programa, después de contar la derrota de España ante Croacia 0-2, he explicado a la gente algo de toda esta historia y he puesto la cinta con esa entrevista grabada a Nacho.

Voy a esperar a ver qué pasa mañana.

Jueves, 24 de marzo

¡Qué día más perro! Como imaginaba, el chaval de Santander no me ha llamado. Durante la mañana he recibido varios avisos de Walter, el redactor de Onda Cero en Santander. He intentado llamarle, pero no me ha sido posible dar con él.

Mi amigo de Onda Cero vuelve a llamarme.

—La que has armado aquí. ¡Walter esta acojonado!, dice que ahora sospechan de él.

He estado con Bustillo atascado en el programa toda la tarde. No sabía qué hacer, no se me ocurría nada, todo me parecían chorradas y tópicos. Bustillo tampoco estaba demasiado original esta tarde.

Esperaba la llamada del chaval de Santander, más que nada por sentir el retorno de alguien que anoche parecía confiar en mí.

El asunto me tenía distraído. Oliveros me propone hablar con Romario que estará cenando con él en un restaurante de Barcelona. Se lo acepto. Con Oliveros siempre tienes un seguro, que por lo menos te cubre el empate. Es la *releche* el Oli.

Cuando faltan quince minutos para el programa, me dicen que ha venido mucha gente a verlo. Me empiezo a poner nervioso como no me sucedía hace tiempo. Oigo sonar un teléfono y a Lalaguna descolgarlo. Veo que pone cara de asombro y me guiña un ojo. Cuando cuelga me dice con voz asustada:

—Era un oyente, no ha querido identificarse, dice que mañana en el Consejo de Ministros nombrarán al alcalde de San Sebastián de los Reyes nuevo secretario de Estado para el Deporte.

—¡Eso es mentira! —le corto—.

—Pues tío me parece que no tenía intención de engañarnos.

Dudo qué hacer. No creo la noticia, pero busco cuál puede ser la intención de esa llamada. Faltan diez minutos para las doce, llamo a Rafael Cortés Elvira. Está durmiendo, pero se pone:

—Joserra, eso es mentira, créeme. No digas nada. Yo estoy citado mañana con el ministro y me habría dicho algo.

Empiezo el programa con la intención de no decir nada, pero en el pasillo me acuerdo de una persona:

—¡Lala!, llama a este número de parte mía, cuéntale todo y él te dirá la verdad.

A los veinte minutos de programa el Lala entra en el estudio y me pasa una nota: "Es mentira, el tío ha debido oír campanas y no va descaminado. Al alcalde de San Sebastián de los Reyes, José Luis Blanco, le van a nombrar director de Infraestructura del CSD en lugar de Benito Ramos, pero no tiene nada que ver con lo de secretario de Estado.

Leo una postal de Manolete y le añado esta noticia como suya.

Cuando acabo el programa siento un alivio placentero que se mezcla con la ilusión del fin de semana. ¡Por fin es viernes!

A B R I L

Domingo, 3 de abril

Es curioso. Una semana entera sin tocar un bolígrafo y ahora, al escribir, la letra sale deforme.

Una semana en la que he logrado desconectar por completo, o casi. A las doce de la noche me resulta demasiado fuerte el *mono* como para olvidarme de la radio. Tenía que ponerla y dejarla al lado, sonando como el murmullo lejano que viene de una conversación a la que le voy prestando interés, según qué cosas, mientras terminaba la biografía de Santiago Bernabéu y comenzaba *Posicionamiento.*

He tenido tiempo también para comprobar mi mal estado de forma física. Hemos salido en bici varios días y me ha costado un dolor de piernas y riñones que aún perdura. Pensé que estaba mejor preparado.

La Semana Santa me ha pasado un tanto inadvertida en su sentido religioso. Antes, la procesión de Viernes Santo me impregnaba de cierto recogimiento. Esta vez me ha resultado todo como muy privado. Supongo que en esto influye bastante la predisposición y ahí puede estar mi culpa, pero este año todo ha sido distinto. Quizá porque el pueblo ahora es más grande y ha perdido intimismo. Antes, en la procesión nos conocíamos todos: niños, mujeres, viejos, todos, y con frecuencia se me venía a la mente aquella poesía de Gabriel y Galán *La pedrada*, cuando observaba las miradas de asombro de los críos hacia el Nazareno cargando con esa enorme cruz de madera, mientras las mujeres cantaban el *Perdona a tu pueblo, Señor* y los hombres acompasaban con sus vozarrones. En los silencios sólo se oía el arrastrar de los pies y la voz de don Antonio leyendo la cuarta estación del Vía Crucis, a la luz de una vela que peleaba su vida con el viento.

Esta vez no cantaron las mujeres, ni los hombres ronronearon en la procesión. Acompañaba la banda municipal. No leía don Antonio, leía alguien que no distinguí y había tanta gente que dudo que niño alguno pudiese ver de cerca al Nazareno. He terminado haciéndome parecida pregunta a la que se hizo Gabriel y Galán cuando finalizó *La pedrada:* "¿Tendremos algo en común, los que fuimos niños de ayer con los que son los niños de hoy?" Posiblemente algo, pero debe ser muy poco.

Hoy, Domingo de Resurrección, veo la caravana de coches de regreso a Madrid y pienso que mañana vuelvo a mis escenarios habituales. Me da un poco de pereza, la timidez de aparecer después de varios días oculto. Pero en el fondo sé que lo necesito y casi lo estoy deseando.

Lunes, 4 de abril

Parece mentira, pero una semana fuera del micrófono y al volver notas ese vacío... Sientes inseguridad. Quizá por eso el programa se me ha quedado corto de tiempo. Pierdes el sentido del cálculo y crees que todo va a ser poco. Me parece que esta noche, al final, no ha entrado Manolete con sus noticiones. Tampoco debían ser muy buenos, porque venía de viaje de novios y no ha protestado.

He hablado esta noche con Perico. Está entrenando por los alrededores de Segovia con Melchor Mauri. Dice Pascua, su preparador y ahora también el de Mauri, que Melchor anda como un tiro. Hoy creo que han hecho una prueba contrarreloj y la de Mauri ha sido espectacular. habíamos quedado para el programa de esta noche, pero se me ha hecho excesivamente tarde y lo he dejado para mañana.

Del chaval de Santander nunca más se supo.

Martes, 5 de abril

Hoy ha estado Javier Ares en la redacción. Ha estado hablando con Ramón Gabilondo y luego han venido a verme los dos. Ares tiene el gesto tranquilo y se le nota una cierta preocupación, especialmente por Pepe Gutiérrez. Cuando se iba a marchar, ha entrado a despedirse y hemos charlado un rato ya más tranquilos. Mi intención era que no se sintiera incómodo. Me imaginaba sus preocupaciones por Pepe Gutiérrez:

—Se ha quedado tirado en la calle, sin trabajo, ¡nada!

—Pero, ¿habrá cobrado una buena indemnización? —pregunté—.

—Sí, claro, como todos. Pero no es eso, es el hecho de quedarte en la calle y saber que lo vas a tener muy difícil.

—Pero en Barcelona habrá algún sitio para él —argumentaba yo—.

—No lo creo, ya sabes como es Pepe. No, no creo que encuentre trabajo en Barcelona, pensaba que en el *Sport* o en *El Mundo Deportivo*, pero nada. Además, ya sabes cómo se enfrentó a García y eso se lo va a poner aún más difícil.

—He oído que ha estado hablando ya con García.

—Sí, yo mismo se lo recomendé. Le dije que fuese a pedirle ayuda.

—¿A García? —le pregunté asombrado—.

—¡Claro!, ¿qué iba a hacer?, estaba en la calle, no tenía otra cosa. Habló con Clemente, con la mujer de Schuster y entre todos le consiguieron una cita con García, pero no ha servido para nada. Es más, cuando García salió de su despacho dijo: "Ya están aquí éstos, arrastrándose a pedirme ayuda".

—Era de esperar.

—Tal vez —continúa—, pero Pepe estuvo casi quince años con él.

—Pero luego se enfrentaron y Pepe aceptó la pelea. Si peleas con alguien puedes perder y si pierdes, sucede esto —le digo—.

—Pepe se cabreó mucho en la Vuelta cuando comprobó los *métodos* de Butano.

—¡Por Dios, Ares! García es el mismo en esa Vuelta que en las anteriores.

—Ya lo sé, pero a nosotros nos explotaron las ganas y la rabia en este momento.

Por un instante he pensado que podía estar siendo desagradable con él en su primer día y he llevado la conversación a mi año en el exilio. Ahí he observado que me escuchaba con cierta atención.

Cuando se ha marchado eran casi las nueve y media de la noche y tenía el programa aún cogido con alfileres. He descolgado el teléfono y me he encerrado una hora para diseñar el guión.

Lorenzo Sanz me llama cabreado porque el otro día aludí a sus antiguas relaciones con Fuerza Nueva. Cuando se le pasa un poco, se muestra molesto por la publicidad que se le está dando al próximo fichaje de Valdano como entrenador.

Entre medias, Mendoza se va de viaje. Dice que a resolver un próximo fichaje. Me aseguran que es un asunto privado y pone como justificante ese presunto fichaje que no existe. Valdano le ha dado ya una lista de nombres que encabeza el brasileño Edmundo, del Palmeiras. Bustillo me advierte:

—No lo digas, recuerda que hemos dado palabra de no decir nada todavía.

Sergi, mi amigo de *El Periódico de Cataluña*, me llama para preguntarme si es cierto que Mendoza se ha ido a fichar a Fonseca, del Nápoles. Le muestro mi extrañeza por ese fichaje.

Media hora antes del programa me aseguran que Fonseca no vendrá al Madrid y que Mendoza no ha ido a ficharle. Mi confidente se ríe:

—Estoy convencido de que Mendoza se ha escaqueado con cualquier cosa para no estar mañana en el palco del Bernabéu con el Spórting... por lo que pueda pasar.

Jueves, 7 de abril

Esta tarde he visitado a don Pedro Escartín. Quería grabarle una entrevista para *El Larguero*. Había quedado con Amalio Moratalla y José Luis Alonso, un técnico y amiguete de la SER.

Amalio no se ha presentado a la comida. Está agobiado con el homenaje que mañana le organiza *Marca* a Escartín, pero me estaba esperando en el portal de la casa donde vive don Pedro. Cuando llamamos al portero automático, una voz temerosa de mujer nos ha dicho, intentando auyentarnos: "¡Huy!, don Pedro no se encuentra bien esta tarde, se ha acostado". Amalio ha insistido diciendo que si podía avisar a su esposa. A los pocos segundos, hemos oído la voz de su mujer por el altavoz diminuto del portal:

—¿Quién es?

Amalio le ha saludado y le ha dicho que habíamos quedado con don Pedro para charlar un poquito con él.

—Está bien —ha contestado—, suban.

Don Pedro Escartín fue uno de mis ídolos en el internado. Le escuchaba todas las noches a las 10.30 en la cama, con aquel viejo transistor que me regaló tía Andrea. Recuerdo que al padre Nieto le fastidiaba que pasadas las 10.30 de la noche estuviese despierto por culpa de la radio y me lo reprochaba con frecuencia.

Cuando he visto su pequeño despacho y su mesa, donde me ha dicho que escribía todo, casi me daban ganas de arrodillarme, como si de un altar se tratara. He sentido auténtica veneración.

Pero don Pedro está muy mayor. No ve bien. Oye con mucha dificultad, ayudado por un diminuto aparato que se coloca en el oído y me confiesa que tiene mucho miedo al homenaje de mañana.

Nosotros tratábamos de animarle, pero él seguía mostrándose muy preocupado. Le he preguntado por la placa de piedra que ha colocado el Ayuntamiento en el portal de su casa y que descubrirán mañana.

—Mal síntoma —ha comentado con rotundidad—.

—¿Por qué? —le pregunto asombrado—.

—Eso suele significar que está próximo el viaje a La Almudena.

Y se ha echado a reír.

Escribo en el avión, volando hacia Mallorca y esto se mueve demasiado. Espero poder contar cómo es la gala de entrega de las Antenas de Oro.

Viernes, 9 de abril

Isabel Gemio ha sido la estrella de la noche en la gala de entrega de las Antenas de Oro, aunque yo me quedo con la simpatía de Julia Otero y el señorío de Matías Prats *junior*. Matías ha venido a Palma a recoger dos Antenas de Oro, la suya y la de su padre, que esta noche se ha quedado en Madrid al homenaje de Pedro Escartín.

Julia Otero me ha susurrado cuando bajábamos la escalerilla del escenario:

—¡Ah! ¡Felicidades por el anuncio de la tele! ¡Es sensacional! Y déjales que ladren.

Isabel Gemio firmaba autógrafos y era el objetivo principal de casi todos los fotógrafos. Está claro que *Lo que necesitas es amor* funciona.

Martes, 12 de abril

Por fin se ha calmado el viento de estos días, aunque sigue sin llover.

Esta tarde me han llamado para enseñarme una querella que ha presentado el García contra mí, por los comentarios que hice en Tenerife llamándole *indultao* —que lo es— y cuando dije que “sé lo que ocurre y lo que uno se juega cuando se enfrenta a determinados chantajistas y extorsionadores". Me ha dejado frío, aunque luego he sentido cierta rabia contenida. Después le he firmado los poderes al abogado y he tratado de olvidarme del asunto. Pero es curioso, ha tenido atemorizada a esta profesión a base de amenazas e improperios a los propios compañeros.

Estoy recordando la noche en que a Roberto Gómez le llamó bellotero y dijo que "denigraba esta profesión"; cuando insultaba a Botines —ya muerto— llamándole rata; a Belarmo —también fallecido— al que despectivamente llamaba Macario, a Matías Prats, a Brotóns, a José Ángel de la Casa...

¡A todos!, creo que García ha insultado a todos los periodistas de este país, de una forma o de otra. A Cuéllar del *ABC*, cuando aquel lío con Rocha. ¡Es increíble!, y se lamenta en los juzgados de que a él le falten al respeto.

La verdad es que me da un poco de pena todo esto. Quisiera que esta profesión no fuese tan cainita ni tan caníbal. A veces dudo si yo también contribuyo a ello levantándome en armas contra el Butano. Y ¿qué hacer?, me pregunto. ¿Callarse y disfrutar el privilegio de un determinado momento en la profesión?; ¿dejarse dar de pescozones cada vez que él quiere?; ¿mirar para otro lado y no entrar en la guerra? ¿Qué hacer?... ¿Consentir esa dictadura cacique de todos estos años?

Se me vienen a la cabeza los consejos de una amiga hace unos días:

—Joserra, ten cuidado. Las guerras acaban, acaban todas: las púnicas, las tártaras, las mundiales. Acaban todas y cuando se firma la paz, sólo quedan muertos y concesiones de uno y otro bando. Tú podrías ser una concesión cuando esta guerra acabe.

El mensaje era pesimista, pero no me asustó. Supongo que ese es el riesgo. Algún día esta profesión será más apacible y todos podremos trabajar sin descuartizarnos unos a otros. Tal vez la próxima generación, pero es necesario que nadie tenga miedo a ningún dictador. Es necesario que nadie pague impuestos mafiosos concediendo información privilegiada por temor a represalias. Es necesario ese valor y aguantar un poco más. Estoy seguro.

Miércoles, 13 de abril

Estoy molido. El día no ha podido estar más aprovechado. Madrugué para ir a la granja-escuela a ver a mi hija Lucía. Hoy era su cumpleaños. Su madre le había preparado una tarta. Cuando nos vio estuvo a punto de echarse a llorar, es la primera vez que salía de casa, pero aguantó firme y terminó rehaciéndose. No estuvimos mucho tiempo, habría sido peor.

En la radio me esperaba una sesión de fotos para la Vuelta Ciclista y luego una cita con el abogado de la empresa.

Diego Córdoba es un abogado veterano que estará rayando los sesenta años. Tiene un gesto amable crónico, que va pintado en él y transmite seguridad y confianza. Antes de enseñarme la demanda civil que ha presentado contra mí el García, me habla de baloncesto y de deporte en general, para ahorrarme explicaciones y hacerme ver que conoce mi mundo y mis satélites.

—No te preocupes de nada —me dice—, esto es una estupidez, pero —y se ajusta las gafas mientras parece pensar algo— sería bueno que me consiguieses la cinta del programa de Butano del día anterior al que le contestaste tú, es decir, la del 9 de febrero.

Me despide charlando otra vez de deporte, ésta vez de fútbol y del Atlético de Madrid:

—Mi yerno es del Atleti, ¡fíjate, yo que llevo más de cuarenta años siendo socio del Madrid! —dice—.

Después hemos comido juntos todo el equipo de la Vuelta Ciclista. Ha venido también Javier Ares. Se le ve un tanto distante todavía, pero supongo que adquirirá pronto confianza.

Creo que Lama, Paco, Bustillo y yo hemos sido los primeros en levantarnos de la mesa. Me gusta disfrutar ese ratito tranquilo que es la primera hora de la tarde. La redacción está vacía. La gente aún no ha venido de comer y hay bastante silencio. Suelo dedicarlo a leer las cartas de oyentes. Hay algunas que son deliciosamente buenas, porque yo también hacía eso y sé lo mal que se pasa. Contesto hasta que me canso. A veces sigue Bustillo. Me siento impotente ante esos deseos y esas necesidades de chavales que buscan su primera oportunidad cuando están a punto de finalizar la carrera.

De pronto he podido recordar el nombre de un amigo y le he llamado:

—Oye, tú podías conseguirme la cinta del Butano del día 9 de febrero o incluso del día 10 por la mañana, en un comentario que hizo...

—¡Claro!, cuenta con ello.

—¿No te creará problemas?

—Si me coge me creará muchos, todos —se ríe—.

—Tampoco es una cuestión de vida o muerte —le digo—.

—No te preocupes, tendrás esa cinta.

A última hora de la tarde me ha llamado:

—Estoy en ello, ya casi la tengo, he procurado no dejar pruebas y copiarla sin que se entere nadie, pero te la entrego yo en mano, ¿vale?

—¡Claro!

—Mañana te la llevaré. Dime un sitio donde quedamos, o mejor te llamo yo.

—De acuerdo.

Cuando terminamos el programa, en la calle, me esperan unos cuantos forofos cabreados. Venían de Barcelona y no les han dejado pasar a ver el programa. Suerte que se quedan también mañana y he logrado convencerles de que mañana me encargaré personalmente de que les dejen pasar.

Jueves, 14 de abril

Exprimo los días hasta el límite. Quiero ir desatando todos los temas burocráticos antes de irme a la Vuelta. He comido con el Pichi Azuara. Quería conocer su situación laboral para la próxima temporada. Puede ser un elemento para *El Larguero*. Es ágil de cerebro, locuaz, extremadamente locuaz y posee una memoria prodigiosa, que además protege con un gran archivo de datos y documentos. Él estaría encantado, aunque hasta el 31 de agosto dice que tiene un contencioso con Onda Cero y que no quiere entorpecer participando en programas de otra emisora. Hemos quedado en hablar a finales de julio.

Por la tarde me ha invadido una especie de melancolía y pereza que me ha tenido bloqueado hasta última hora. Es una situación agonizante. Va cayendo la tarde, la ventana va perdiendo el sol. Se va haciendo de noche, ves que llega la hora y no encuentras motivos para arrancar y te vas quedando ahí, como si te hubieran anestesiado las ganas. Oyes el tic-tic tecleante de los ordenadores, oyes los teléfonos sonar y tú ahí, bloqueado, como si te hubieses quedado paralizado, quieres, pero no puedes. Y avanzan las horas. Me ha despertado Gallego a gritos:

—¡Joserra!, acaban de confirmar a Valdano como entrenador, ¡pásame a antena!

A partir de ahí, he vuelto a ser periodista activo.

Viernes, 15 de abril

¡Será mala leche!

Me habían invitado los estudiantes del Colegio San Juan Bosco de Sevilla a una charla-coloquio y después a los toros. El cartel era de envidia: César Rincón, Manzanares y Ponce. Y ahí me he presentado. El ambiente era una delicia. En el San Juan Bosco, los chicos, fabulosos, han llenado la sala y el coloquio ha sido muy fluido.

La mala leche ha sido un trueno que ha sonado en mitad de la charla, como anunciando que me despidiera de los toros. Ha comenzado a llover y se ha suspendido la corrida. AVE y a Madrid otra vez. Pero Sevilla siempre merece un viaje.

Lunes, 18 de abril

El abogado me pide la cinta del García con insistencia.

A las 3 de la tarde me llega un paquete: es la cinta. Me he metido en un estudio y ¡Dios, se han confundido! Se ve que mi amigo, con los nervios y el miedo, ha equivocado la fecha y me manda la del día después al que le he pedido. El abogado se queja de que se le ha pasado el plazo. Mi amigo se retuerce de la rabia, pero me anuncia que lo va a intentar de nuevo esta madrugada, cuando esté solo.

Pero el día me ha deparado otra sorpresa. Ha sido cuando estaba leyendo las cartas de los oyentes para animarme un poco después del cabreo de la cinta. He abierto una carta sin remite y leo:

"No voy a decir mi nombre, ya que este programa lo oyen gentes que no quiero que sepan por la radio lo que me pasa.

Hace unos días fue mi cumpleaños, cumplí los diecisiete. Tres días después recibí los resultados de unos análisis en los que ponía que yo tenía el sida y que, según me dijeron los médicos, la enfermedad se estaba desarrollando. Me queda un año de vida.

Yo os escribo esta carta para daros las gracias porque me habéis hecho pasar tres años estupendos, con vosotros descubrí que quería ser periodista. Ahora ese sueño no se podrá hacer realidad, pero por lo menos espero poder pasar otro año con vosotros y que gracias a vuestro programa consiga reírme y olvidar durante hora y media lo que me pasa.

Desde esta carta también quiero pedir a la gente de mi edad que tenga cuidado, que no se piense que por ser él o ella no le va a tocar, porque yo no bebía, ni fumaba, ni me drogaba, pero aquí estoy y todo por mi primera y única noche.

Ahora mismo tengo miedo, con diecisiete años una no piensa en la muerte, incluso a mí me cuesta ahora hacerme a la idea, pero sé que está ahí, pero yo sólo puedo cuidarme para quizás atrasarla.

Quiero reiterar mi agradecimiento a los componentes de *El Larguero*, a ti José Ramón, a Ponseti, a Bustillo, a Damián, a Segurola, a Robin, a Lama y al resto. Muchas gracias por hacerme feliz y por haberme hecho querer el deporte.

Un abrazo

J.S.M.

P.D. Me gustaría que leyeseis la carta. Gracias".

He dudado entre leerla o no. Bustillo tampoco me animaba:

—No tiene remite, cualquiera sabe.

Yo temía que me llamaran *sensiblero y amarillista*. Luego, a lo largo de la tarde he ido reflexionando, si no la lees, un día puede llegarte otra carta de esa misma chica diciendo que la defraudaste en lo único que te había pedido después de aguantarte tres años con sus correspondientes noches. He decidido leerla y la he leído.

Jueves, 21 de abril

Los preparativos de la Vuelta, las reuniones y esa especialidad mía para meterme en más líos de los presupuestados, me han tenido alejado de escribir bastantes días. También es cierto que mi estado anímico no se encontraba encendido y no era capaz de anotar nada cuando se me apagaba el día.

Hoy me ha llamado el Botas. El Botas es un ex-piloto de *rallies* que lleva conduciendo uno de los coches de la cadena SER en la Vuelta Ciclista a España desde hace más de 22 años. Es un personaje especial: aventurero, sin profesión fija, leal y, sobre todo, buena persona. Es el condimento de todo el equipo de la SER en la Vuelta. Le da sabor, alegría, espontaneidad... Parece increíble que un conductor, tan solo un conductor del equipo, nos resulte tan imprescindible. Pues es cierto. Me ha llamado para decirme, con ese acento murciano que me recuerda a Paco Rabal en *Truhanes*, que viene de Chile donde ha estado comprando pescado y que ha ganado "muchos cuartos". "Soy medio rico, José", me dice.

Me ha devuelto cierta parte del ánimo perdido.

Después, se me había olvidado, me estaban esperando unos chicos de la Facultad de Periodismo para hacerme la entrevista del trabajo que les mandan en la asignatura de Redacción.

Me empiezan a cansar ya tantas preguntas sobre el García. Me aburren y a veces no sé si contestarlas. Siento como si quisieran provocar mi embestida por ese lado, pero al mismo tiempo quiero ser tan agradable con ellos como me hubiese gustado que lo hubiesen sido conmigo en mis tiempos de estudiante, y recuerdo que El García, precisamente, sí lo fue.

A última hora me ha llamado Paco Lucas, el piloto del helicóptero:

—¿Te recojo el domingo y nos vamos juntos a Valladolid? —me pregunta—.

La verdad es que sí me apetece, pero me preocupa el mal tiempo que hace estos días. Aún así, he dicho que de acuerdo.

Lunes, 25 de abril

Hoy ha comenzado la Vuelta.

Valladolid es una delicia de ciudad. Tiene un ambiente fresco y de gente joven que es una gozada. Hacíamos el programa desde el Hotel Meliá-Park. Cuando hemos llegado, a eso de las diez de la noche, el *hall* y las escaleras ya estaban abarrotadas de gente joven.

En el salón, Ruano y el Polvorilla sudaban intentando arreglar un problema con Telefónica. Faltaban veinte minutos para comenzar el programa y la centralita del hotel estaba bloqueada y la línea microfónica no iba. Me empecé a poner nervioso. Bustillo tampoco podía disimular su intranquilidad, me miraba asustado buscando una solución con los ojos.

Ruano sudaba haciendo pruebas y puenteando cables. Viéndole apurado junto a Luis y el Polvorilla, tratando de solucionar un problema que aún no sé a qué se debía, he sentido una rabia inmensa. Al final, sudoroso, con gesto cansado, le he visto esa expresión suya de tranquilidad cuando consigue solucionar algo rubricándolo con esa frase dubitativa: "Parece que esto ya va".

Y ha ido fenomenal. Se ha quedado mucha gente fuera porque no cabía en el salón. He visto a muchos permanecer de pie la hora y media del programa, subidos en alguna caja o mesa, que no sé cómo han podido aguantar.

Son las tres y media de la madrugada. Estoy muerto.

Martes, 26 de abril

Cuando íbamos a tomar la salida me ha venido un guardia civil. Un sargento:

—No sé si te acordarás de mí, pero el año pasado hiciste un comentario contando una anécdota y me gustaría saludarte. Te estuve buscando el año pasado, pero no hubo forma.

—¿Qué anécdota?

—Fue cerca de Vigo. Una ambulancia que quería ir en dirección contraria a la carrera.

Lo he recordado. Fue emocionante. Una señora que había sufrido un infarto y la ambulancia tenía que llegar con ella al hospital, pero la carrera venía en dirección contraria y se hacía casi imposible abrir paso a la ambulancia entre esas curvas de las que cada poco salía una motocicleta o un coche a toda velocidad sabiendo que no debía encontrarse con nadie delante. Un motorista escuchó el llanto de quien debía ser la hija de la enferma. Era un llanto suplicante y desgarrador. El guardia no se lo pensó y se pasó delante de la ambulancia y fue abriéndole camino hasta llegar al cruce que enlazaba con la carretera del hospital.

Esa noche lo comenté en el programa y hoy nos hemos conocido. Antonio ha buscado en el archivo y ha encontrado la cinta.

Cuando me despido llega otro guardia civil, amigo de Julio Jiménez:

—Vengo a cargo de una misión nueva. Es para asuntos especiales, ya te contaré.

—Pero, ¿hay algo hoy?

—Quieren cortar la carretera en Tordesillas.

—¿Quién?

—Los trabajadores de Gillette, pero luego igual no pasa nada.

—Tenme informado.

—No te preocupes.

Efectivamente no pasa nada. En Tordesillas la gente ve pasar la carrera con absoluta tranquilidad, aunque observo una vigilancia de policías nacionales más reforzada.

Llegando a Salamanca, observo, tendido en la cuneta, un motorista boca arriba. Me impresiona la caída, aunque luego no fue nada grave. Era una chica, juez-árbitro de la organización.

En el hotel, el teléfono me saca de la ducha. Jeanine, la mujer de Ramón Mendoza, me dice que quieren pedirme un favor personal. Me deja sorprendido.

—¿De qué se trata? —pregunto—.

—Espera. Te lo cuenta Ramón.

Una pausa y oigo la voz de Mendoza en un tono grave y preocupado:

—¡Hola chaval! ¿Cómo estás?

—Bien, muy bien.

—Yo no estoy tan bien como tú —deja una pausa que yo no interrumpo, carraspea un poco y sigue—. Tengo a Mariano Jacquotot muriéndose. Estamos destrozados.

Mariano Jacquotot es el vicepresidente del Real Madrid. Es un hombre joven, de unos 39 años, bien parecido, deportista y que siempre ha estado vinculado a Ramón Mendoza.

—Pero, ¿qué le ha pasado?

—Un cáncer que se le ha extendido por todo el cuerpo.

—Quizá aún se pueda hacer algo.

—Dicen que no. Parece que no se puede hacer nada, aunque mañana se marcha a Estados Unidos. Hay que intentarlo a vida o muerte.

—Él, ¿cómo está? Quiero decir, ¿es consciente de todo?

—Absolutamente de todo. Está hundido, no quiere hablar con nadie. Mira, yo te quiero pedir un favor.

—Dígame.

—Por favor, te pido que no digas nada y que intentes que nadie comente nada de todo esto en la SER.

—Le doy mi palabra.

—¡Muchas gracias!

Jacquotot es íntimo amigo de Lama. No sé si decírselo. Creo que Lama debe saberlo y además he de advertir a la redacción, aunque estoy seguro que nadie dirá nada.

Radio Salamanca se llena de estudiantes que quieren ver el programa. No lo acabo de entender muy bien, pero se lo agradezco y me da moral.

A poco de comenzar el programa, Bustillo me pasa una nota:

—García ha abierto su programa con lo de Mariano Jacquotot, aunque no ha dado el nombre.

A Lama le ha caído como un mazazo, pero luego se le ha ido pasando. El doctor Alfonso del Corral le ha dicho que no pierde las esperanzas y que tal vez se pueda salvar con una operación similar a la de José Carreras.

Miércoles, 27 de abril

La Vuelta se pone aburrida en estos días de etapas llanas en las que no ocurre nada. Sin embargo, no tengo tiempo para aburrirme. Lo de esta noche en Mérida ha sido impresionante. Hemos hecho el programa en un auditorio de la Caja. Estaba lleno hasta por los pasillos y lo han televisado por circuito cerrado para una discoteca que había instalado dos pantallas gigantes de televisión. Me encuentro raro en estos saraos, aunque ya me voy habituando. Me resulta tan extraño todo esto que a veces no lo entiendo, pero lo agradezco con toda mi alma.

Pepe Fouto, el presidente del Mérida, me ha regalado la *bellota de oro* y Fernando, de SER Mérida, al que apenas he podido corresponder, me ha puesto el *pecholata*, que es otra insignia típica de Extremadura, preciosa. Me abruma todo esto, pero el día ha sido espectacular en cuanto a emociones. Cuando me estaba duchando, me llama Bustillo:

—Tienes que escuchar una cinta que nos han traído los estudiantes de la Facultad de Derecho de la Complutense.

—Y ¿qué es...?

—Es Clemente rajando de ti y los estudiantes defendiéndote.

Me ha entrado un extraño calorcillo de rubor por dentro, mezcla de placer y agradecimiento.

Aún estaba mojado cuando llegó Lama.

—¿Sabes que Butano dio anoche lo de Mariano Jacquotot?

—Pero no dio el nombre.

—No, no dio el nombre. ¿Tú qué vas a hacer?

—¿A ti qué te parece?

—No digas nada, pero le podíamos llamar ahora por teléfono.

—Llámale.

Manolo marca el número y pregunta por Mariano Jacquotot. Hay una pausa, se corta, vuelve a llamar y la misma pausa después de preguntar por él.

Lama va cambiando el tono de voz. Quiere animarle, pero se impresiona:

—Mariano, te queremos mucho.

Bustillo y yo le oímos sobrecogidos, sin decir nada y sin saber qué dice Mariano Jacquotot. Se despiden. Lama tiene los ojos enrojecidos cuando le preguntamos.

—¿Cómo está? ¿Qué te ha dicho?

—Que quizá ya no le vuelva a ver si no regresamos pronto, pero que piensa luchar hasta el minuto noventa.

Jueves, 28 de abril

Salíamos de Almendralejo hacia Córdoba. En la salida, entre la gente, los empujones, las fotos, me viene Perico.

—Tenemos que hablar.

—¿De qué?

—Ya te lo diré esta tarde, pero a solas, más tranquilos.

—Pero ¿de qué se trata?

Me hace una seña para que vayamos hacia adelante y nos quedemos solos.

—Me ha venido el Butano. Dice que quiere hablar conmigo.

—Y ¿qué quiere?

—Dice que tenemos que hacer las paces, que esto no puede seguir así y que quiere organizar un homenaje este año en que me retiro...

—Y ¿qué le has dicho?

—Nada, yo sólo le he escuchado. ¿Qué te parece?.

—Cuantos menos enemigos tengas mejor, pero la dignidad no la pierdas nunca.

—No, no te preocupes. Yo un acto de ésos no lo hago con él, pero ya hablaremos tranquilos.

En Córdoba hace calor. La etapa ha sido aburrida y hemos llegado con mucho retraso.

Pensaba que el programa lo íbamos a hacer en Radio Córdoba, pero, cuando llegábamos, me dicen que hay que hacerlo en el Hotel Meliá.

En el Hotel Meliá están alojados los de la COPE. Cuando llego me encuentro con Luis Ocaña. Está solo en el *hall.* Buscamos dónde se hace el programa. Me dicen que han habilitado una carpa gigante en los jardines del hotel. La carpa, efectivamente, es gigantesca. Camino entre la gente, abriéndome paso como puedo, algunos comienzan a reconocerme y me dan palmadas y gritos de ánimo:

—¡Dale caña al Butano!

Me encuentro cortado, no acabo de acostumbrarme a estos follones. Veo a Bustillo en la mesa de control con Ruano. Trato de tranquilizarme.

Lama me sopla al oído:

—Ése del pelo largo y bigote es el presidente del Córdoba.

Levanto la vista y en primera fila veo a un hombre de unos cincuenta años de pelo largo y bigote estilo Buffalo Bill.

Oigo una vocecilla suplicante que grita mi nombre. No veo de dónde viene. Me grita otra vez: "¡José Ramón!, ¡José Ramón!" El

Botas me señala a un lado y veo una sillita de ruedas donde está Alfonso. Apenas mide 40 centímetros, tiene unas manitas diminutas que casi salen directamente de los hombros y casi no se ven lo que podían haber sido las piernas. A modo de saludo me dice:

—Os escucho todas las noches. ¡Todas!...

Me ha dado una fuerza y unas ganas como nadie se puede imaginar. Me daban ganas de abrazarlo y comérmelo a besos, pero al mismo tiempo me daba vergüenza porque estaban los fotógrafos delante y podía sonar a montaje. Le he dado un beso. La gente ha comenzado a tararear la sintonía del programa. Ha sido maravilloso.

Un sueño del que supongo terminarán despertándome, pero ojalá me dejen dormir un poco más tiempo.

M A Y O

Domingo, 1 de mayo

Son las tres y media de la madrugada. Llegamos al Hotel Montívoli, en Villajoyosa, después de hacer el programa en Cocentaina y después de hora y media de carretera infernal, con curvas que se retuercen en bajadas interminables por estos pueblos cercanos a la costa de Alicante, donde hoy ha finalizado la etapa.

El Hotel Montívoli es un balcón al Mediterráneo que se sujeta en el acantilado y no tiene más vistas que el mar, con toda su grandeza y toda su inmensidad. Desde el hotel se baja a la playa por unas escalerillas que descienden por la pared del acantilado. Es el refugio ideal. Algo así han debido pensar un famoso torero y una ex-Miss España a quienes me he encontrado nada más llegar esta tarde. Venían cogidos de la mano, ocultos tras sus negras gafas de sol y se han quedado sorprendidos cuando han visto llegar a los ciclistas del Banesto, de la ONCE y a una remesa de periodistas que copan el hotel. Se han subido de la playa y ya no los he vuelto a ver.

Estaba pensando en ellos ahora, contemplando esa media luna que se baña en el mar. Es una luna roja que me encanta. He estado contemplándola un buen rato antes de ponerme a escribir. Ilumina el mar con una franja anaranjada que hace aún más bonita la noche. Todo está en silencio. Sólo se oye un grillo que canta en la madrugada y que calla cuando el viento mueve alguna de las ramas próximas a su guarida.

He logrado tranquilizarme, pero venía muy alterado. Esto de hacer el programa de cara al público, firmar autógrafos y hacerme fotos como si fuese un futbolista o alguien famoso, no acabo de entenderlo ni de asimilarlo. Quiero ser amable. especialmente con la gente que de alguna forma son mi compañía cada noche, pero al mismo tiempo lo veo todo tan frívolo, tan... no sé.

De repente, tienes tanta gente alrededor y, al poco tiempo, en cuestión de minutos, estás solo viendo esa luna y te sientes tan necesitado de compañía... Habría dado cualquier cosa por tener a quien más quiero en esos momentos a mi lado. Pero es imposible y la luna sigue ahí. Me hubiera gustado extenderle la mano y poder acariciarla según se bañaba en el mar. Luego, se ha ido levantando y ahora está colgada allá arriba, junto a los luceros. Nunca me había abrumado tanto la soledad como esta noche.

Me he vuelto a acordar del torero y la Miss España. No han podido elegir mejor sitio, mejor noche ni mejor luna. Pero desde luego, no han acertado en el día. Con tanto periodista no sé que habrán hecho.

Mañana hago el programa desde este hotel, sin más público delante que mi gente: Ruano, Bustillo, el Botas, Lama y el Polvorilla. En este hotel y mirando hacia esa luna que mañana ya habrá crecido.

Creo que ahora sí tengo sueño. Me voy a dormir.

Martes, 3 de mayo

Es impresionante sobrevolar la desembocadura del Ebro y su inmenso delta. Llegábamos a Valencia y desde allí subíamos hacia las cercanías de Barcelona. Son casi trescientos cincuenta kilómetros que Castaño y yo hemos acortado en helicóptero con Perico y Zarrabeitia. Zarrabeitia es un chaval encantador, noblete, tímido y con unos ojos vivarachos que escudriñan todo a gran velocidad. Tal vez por eso tenga esa permanente mirada de asombro...

Cuando sobrevolábamos el delta a muy pocos metros de altura y debajo quedaban esas playas de arena arrastrada, tan solas, tan extremadamente tranquilas, donde sólo se veía una manada de patos, me han susurrado al oído:

—¡Vaya sitio para perderse con una chavala!

Perico se reía, aunque arrastraba una tos molesta que se le ha venido repitiendo con cierta frecuencia. Le he preguntado, pero él le quita importancia:

—¡Nada! No es nada. Ayer y anteayer estuve peor, pero me han puesto unas pomadas en el pecho y ya está saliendo el constipado.

En Villafranca del Penedés la gente se ha portado de una forma admirablemente cariñosa. Cuando llego al hotel, en recepción, hay un estuche con una botella de cava, etiqueta negra, para cada uno de los miembros de todo el equipo, con su nombre en un sobre. Están todos: chóferes, técnicos, pilotos. Todos. Es un regalo de la Caixa Penedés, donde hacía el programa esta noche. Me ha encantado el detalle.

Miércoles, 4 de mayo

Llegamos a Andorra. La carrera sigue siendo dominada por Toni Rominger, que hoy se ha encontrado en la meta con su padre. Es un hombre de más de 60 años, pelo cano, gorra del Clas-Mapei y vestido de ciclista y con una bicicleta. Dice que se ha subido el puerto para esperar arriba a su hijo. Rominger me cuenta que su padre se hace más de veinte mil kilómetros al año en bicicleta.

Sin embargo, me he dado cuenta de una cosa: he perdido facilidad de movimientos con un inalámbrico. Antes, en las llegadas, me movía con facilidad, sabía colocarme y sabía preguntar. Un par de años sin hacerlo y me he visto torpe y despistado. Me ha dado una rabia tremenda y me he juramentado corregirlo y mejorarlo. Desde mañana me voy a preocupar de cogerlo en meta y pelear por los personajes. Tengo que recuperar aquel buen reportero que siempre quise ser.

Viernes, 6 de mayo

Me preocupa la llegada a Zaragoza. Hace unos días, cuando el Zaragoza iba a jugar la final de la Copa del Rey en Madrid contra el Celta, hice un comentario jocoso a un taxista de Zaragoza y a otro de Vigo. Más o menos les dije:

—Tened cuidado con la máquina de recoger paletos que la hemos puesto en la autovía y los de mi pueblo la atascamos ya un par de veces —algo así dije—.

En Vigo nadie se ha molestado. En Zaragoza, Ortiz Remacha, hijo de Paco Ortiz, un tipo que está peleado con el mundo desde hace tiempo y que vive en permanente estado de cabreo crónico, no se lleva bien con nadie de la profesión y yo no iba a ser la excepción, aun trabajando en la misma cadena. Ortiz Remacha ha estado calentando el ambiente desde Radio Zaragoza, mi radio, y sé que la gente estaba muy soliviantada contra mí. Curiosamente aquí, en Zaragoza, los estudiantes crearon una peña de *El Larguero.*

Cuando he llegado a meta, había una pancarta de *El Larguero* pero se han oído más los insultos y las protestas hacia mí:

—¡Que se vaya! ¡Fuera! ¡Paleto tú!... —gritaban—.

Lama me susurraba al oído: "debes largarte cuanto antes".

Me he ido solo entre la gente, escuchando insultos, pero de ahí no pasaba la cosa.

A las 10.30, Bustillo y yo hemos llegado al cine donde se hacía el programa. Hay mucha gente en la calle esperando. Son gente joven, estudiantes... Me dan ánimos mientras intentamos abrirnos paso. Lama viene minutos antes del programa:

—Hay más de mil personas en la calle y los que han pasado son los que están más cabreados con nosotros.

Bustillo me ha conseguido un despacho tranquilo y silencioso donde me gusta estar solo antes del programa. Le oigo a él hablar con Madrid, ultimando las cuñas del programa en la habitación de al lado.

Decido hablar a la gente cinco minutos antes de que comience el programa. Les digo que tengo tan solo unos minutos para pedirles perdón si se han molestado conmigo y para suplicarles que me ayuden a hacer un rato de radio.

Sintonizamos pronto. Una señora se me encara:

—¿Dinos qué es ser paleto?

—Señora, ser paleto es ser tan de pueblo como yo y no querer disimularlo.

Otro me chilla que lo diga durante el programa. Y así lo hago.

Aparece Víctor Fernández, el entrenador del Zaragoza, y después José Miguel Echávarri, el *manager* de Banesto. La gente enloquece en aplausos hacia ellos. Han tenido que dejar pasar a todos porque las puertas del cine cedían a la presión de la avalancha. Se apiñan por los laterales y los pasillos del cine. Yo no entiendo nada de todo esto, pero se lo agradezco. Les agradezco, sobre todo, el respeto con que escuchan y con el que me permiten que el programa transcurra sin mayores problemas. Me colocan un cachirulo y me regalan una boina.

—¡Póntelo, póntelo! —me susurra Ruano por debajo—.

Me lo pongo. Me siento un poco cortado, pero termina por olvidárseme.

A estas horas de la noche, todavía me cuece el cerebro con todo esto. Son casi las seis de la mañana y no tengo sueño. Menos mal que mañana es sábado. Oigo ruido de cristales, me asomo por la ventana.

Un grupo de mozalbetes ha destrozado la luna de nuestra furgoneta. No se llevan nada. Tan solo la han emprendido a golpes con los cristales de la furgoneta donde llevamos el equipaje y se han ido. No todo iban a ser aplausos.

Domingo, 8 de mayo

Impresionante Logroño. Me han abarrotado el auditorio del Ayuntamiento con capacidad para más de mil personas.

A las ocho menos cuarto, viendo el partido del Depor en Radio Rioja por Canal Plus, nos enteramos de que el padre de Romario había sido liberado.

Oliveros estaba en casa, en su día libre, pero según ha escuchado la noticia se ha marchado al Hotel Hilton, donde estaba Romario, que se preparaba para coger un vuelo a Brasil y ver a su padre.

Con Oliveros el empate —cuando no la victoria— siempre lo tienes asegurado. Es de los profesionales más sufridos y honestos que conozco. Se ha metido en el avión de Romario y desde el avión ha llamado por teléfono con el jugador brasileño del Barcelona. El programa ha tenido un comienzo espectacular. Con Romario hablando desde el avión y todo el auditorio de Logroño aplaudiéndole. Ha sido emocionante.

Después, Arsenio Iglesias también le ha dado la enhorabuena desde Bilbao, donde se había ido a dormir el Deportivo. He disfrutado haciendo radio esta noche.

Sin embargo, hemos echado de menos a Cholo. Cholo era el director de Radio Rioja. Siempre que veníamos a Logroño, cenábamos con él y luego nos llevaba de copas. Tenía un cáncer que se le llevaba por momentos, pero él lo desafiaba no privándose de nada. Cuando nos despedíamos de él siempre decía:

—A ver si cuando volváis ya estoy mejor, que espero que sí.

Este año ya no estaba. Murió hace unos meses. Le he echado de menos. Especialmente porque he tenido un pequeño incidente antes del programa. Un señor bien vestido, que luego me dijo ser el relaciones públicas de la emisora, me ha venido con gesto grave:

—¿Sabes que viene la vicepresidenta del Gobierno al programa?

—No, no sabía.

—Pues viene y tienes que hacerle una entrevista.

—Eso es imposible.

—Lo tenemos acordado así.

—¿Quién? —le pregunto malhumorado—.

—Nosotros. Lo sabe Madrid.

Yo me estaba poniendo cada vez más enfurecido, pero no quería discutir a falta de veinte minutos para comenzar.

—No sé con quién lo habrá hablado usted, pero ya le digo que yo no hago ese tipo de entrevistas. Las entrevistas las elijo yo.

—¿Cómo podemos arreglarlo?

—Yo no he roto nada.

El hombre se ponía nervioso.

—Yo tengo que arreglarlo como sea. Al menos, dile que se siente a tu lado durante el programa.

—¿Para qué? Se sentirá mal ella misma.

—Hombre, déjala que intervenga durante el programa en algún momento.

Ahí no pude aguantar más:

—Mire, me está pidiendo que me preste a hacer el ridículo y le digo que no, ¿vale? Arréglalo tú como quieras, pero a mi lado sólo se sienta la gente de *El Larguero.* Nadie más.

Me he debido de poner un poco borde. La señora vicepresidenta ha terminado por marcharse sin decir nada.

Lunes, 9 de mayo

Camino de Santander, en un pueblecito de Burgos, Trespaderne, hemos parado a tomar algo. Un consomé caliente nos ha venido fenomenal a los estómagos vacíos y ajetreados por una mala carretera, mientras la etapa transcurría aburrida y lenta.

A la salida de ese pueblo, me ha venido un teniente de la Guardia Civil:

—José Ramón, sólo quería saludarte y decirte que te oigo todas las noches, paso un rato muy agradable con vosotros, casi te diría que eres parte de mi familia después de tantos días. Este año me cambian de destino y quiero que guardes como recuerdo mi alfiler de la corbata.

Y me ha entregado su alfiler desprendiéndolo de su corbata. Yo me he quedado boquiabierto como un imbécil. Le he estrechado la mano y he balbuceado un estúpido y lacónico: ¡Gracias, muchas gracias!

Después, él ha abierto paso a nuestro coche para que pudiéramos salir sin dificultad del cruce y nos hemos marchado. Pero me hubiera gustado charlar un rato más largo con ese teniente de la Guardia Civil. ¡Qué torpe he sido!

¡Estas jodidas prisas de todos los días y a todas horas!...

Miércoles, 11 de mayo

Han echado al Botas de la carrera. Me viene Ruano con una cara de duelo que da pena verle.

—¿Ya sabes por qué ha sido? —me pregunta preocupado—.

—Se ha peleado con un tío de las vallas, me han dicho.

Al parecer, mientras hacíamos el programa, después del informativo, un tipo chulesco y pendenciero, que ya ha tenido problemas incluso con la Policía Nacional, ha tratado de que el Botas retirase el coche de la línea de meta, pero gritándole, después insultándole y al final retándole a que saliera del coche. El Botas es físicamente liviano. Apenas pasa el metro setenta y no pesa más de cincuenta kilos.

El tipo, en pleno calentón, se ha dirigido al Botas, cuando Ruano le tenía sujeto por detrás para que no saliera del coche, diciéndole:

—¡Siempre sois los mismos muertos de hambre!

Y en ésas, el Botas ha logrado zafarse de Ruano y ha salido del coche y le ha soltado dos galletas al macarra. Lo que ha originado un revuelo escandaloso que ha terminado con diligencia de la Guardia Civil.

La organización de Unipublic, como era de esperar, ha decidido expulsar al Botas de la carrera, para este año y todos los posteriores. Cuando me lo han comunicado, he sentido la rabia de la injusticia, pero, al mismo tiempo, sabía que son los métodos que últimamente utiliza conmigo Unipublic.

He enviado a Lama y a Ruano para que hablen con la organización. Si echan al Botas, retiro el equipo de la cadena SER. Y si quieren guerra, la van a tener.

Por la noche, Lama y Ruano han venido con el acuerdo de un día de sanción para el Botas. Aún así me he subido por las paredes. Ruano me argumentaba que si no le ponen un día de sanción, cuando menos, los que recogen las vallas amenazan con un plante.

El Botas está asustado y me mira con cara de confusión.

—Tú no te preocupes —le he dicho—. Me han llamado a Madrid mañana, te vienes conmigo.

Jueves, 12 de mayo

Me he traído al Botas a Madrid. Me habían llamado para una comida con Delkáder, Gavela, Iñaki Gabilondo, Javier Sardá, Luis Fernández, Luis Merino, Juan Luis Cebrián, Javier Díez de Polanco y Jesús de Polanco.

No conocía a Cebrián ni a Jesús de Polanco. Creo que en esa comida yo era el único plebeyo. Los demás tenían todos acreditada su presencia por *curriculum* y cargo en la empresa. Yo pensé que me iba a sentir incómodo y decidí limitarme a escuchar. No pudo ser así. Me dieron bola y creo que hablé más de lo previsto.

En cualquier caso, ha sido interesante.

Viernes, 13 de mayo

Lo veía venir. Sabía que tarde o temprano estallaría la tensión que mantenemos el equipo de la SER con Unipublic y el García. Pero ha sido bochornoso.

Desde los primeros días de la Vuelta he observado una persecución escandalosa hacia la SER por parte de los comisarios. Cualquier novato sabe que esos comisarios hacen cuanto les piden los organizadores, permitir o prohibir.

A mí, este año, no me permitían hacer entrevistas por la ventanilla del coche a los directivos de equipo. el Butano las hacía cómodamente desde el suyo a través de las emisoras que ha mandado colocar en determinados vehículos de algunos directivos. Yo protesté indignado. Me amenazaron con expulsarme de carrera.

En Granada, un comisario internacional enviado por la organización me hizo cortar bruscamente una entrevista bajo amenaza de expulsión.

Unos días después, Alberto Gadea, el director técnico de la carrera, un pobre hombre al servicio de Unipublic, me volvió a interrumpir otra conexión a base de gritos y amenazas y mandando a un motorista frenar bruscamente delante de mi coche. Me volvieron a advertir a través del jurado internacional con la expulsión de la carrera. Me di perfectamente cuenta de qué es lo que estaban buscando.

Esta tarde, cuando llegábamos a Segovia, veo al Butano que está haciendo entrevistas desde la ventanilla de su coche a Gabino Erañozaga, de Banesto, que atendía a Marino Alonso cuando iba escapado. He visto al mismo jurado internacional que a mí me lo prohibía durante toda la vuelta allí delante, impertérrito, sin decir nada. Yo sentía impotencia, rabia, pena, todo a la vez. Le he chillado al Botas para que me pusiese a la altura del comisario internacional y le he gritado:

—¡Cabrón! ¡A ése no te atreves a prohibírselo!

Él, no sé si no me entendía o no me quería entender, se limitaba a sonreír como un bobo y me hacía señas de que estaba tomando nota. El Butano seguía haciendo sus entrevistas.

He ido al coche de Enrique Franco y Ramón Mendiburu y, procurando contener los nervios, le he dicho:

—Espero que el señor Gadea también le impida a ése hacer entrevistas en carrera.

Mendiburu, con su peculiar pedantería se ha limitado a contestarme:

—¿Por qué no se los dices tú a Gadea?

A todo esto, yo ya estaba cocido de ira.

—Eso es lo que quiero hacer, pero te lo digo a ti, que llevas al director general de esta carrera.

Veo venir el coche de Gadea. Le han debido avisar por radio.

Yo le he gritado, pero él se ha ido hacia el coche de la COPE, desde donde el Butanito estaba haciendo entrevistas por la ventanilla. Han estado charlando un rato y luego Gadea ha dejado caer su coche hasta ponerlo a la altura del nuestro y me ha hecho gestos diciéndome:

—Entrevista tú también. ¡Ya se puede!

He sentido otra vez esa llamarada de rabia e impotencia y he sacado medio cuerpo por la ventanilla y le he insultado:

—¡Eres un cobarde y un mierda! Le he debido decir más cosas. He notado a Ruano y a Belda que me sujetaban. He perdido los nervios. Me daban ganas de marcharme, pero no sin antes contar a la gente cómo funciona este tinglado en esta carrera. Y lo he hecho.

Por la noche, en el programa, el auditorio del Parador de Segovia estaba lleno. Tampoco era demasiado grande, pero no cabía un alfiler. Antes de comenzar el programa, me llega un mensaje en el que me advierten que, según lo que diga en el programa, tomarán una medida u otra. Eso me ha calentado todavía más. Le he explicado a la gente las vergüenzas de esta carrera que monopoliza Unipublic y yo empiezo a preguntarme por qué. ¿Por qué ha de ser Unipublic quien explote la Vuelta Ciclista a España? ¿Por qué no sale a subasta pública, si la Vuelta pertenece a la Federación Española de Ciclismo? ¿Quién está detrás de todo esto? ¿Quién lo consiente?

Me temo que no voy a conseguir nada, pero al menos la gente se va a enterar.

Domingo, 15 de mayo

Me he encontrado en el *hall* del Parador con Luis Ocaña. Habíamos quedado en hablar un día. En principio, pensamos en cenar juntos en Benidorm, después en Zaragoza y, finalmente, lo dejamos para Segovia, para el sábado, en Fuenterrebollo, en la cena que hacemos todos los años en el pueblo de Ruano.

Luis es un romántico sentimental que tiene un pronto imprevisible. Me había dicho que se ha separado, pero no le creo demasiado porque eso me lleva diciendo ya varios años y siempre acaba volviendo a su casa.

Esta mañana le he visto muy fastidiado:

—El puto hígado que me lleva jodido —dice—.

—¿Y el alma? —le he preguntado—.

Ha movido la cabeza y, con una sonrisa de tristeza, ha hecho un gesto con la palma de la mano, como de final.

—Ésa ya está *finí*.

—¡Vete por ahí!

—No, no, ya te digo. Eso ya finí... Porque, si no, veo que le voy a tener que dar un tiro o dármelo yo.

—Eso nos pasa a todos —le he dicho—.

—Pues a mí no me vuelve a pasar más.

—¿Por qué no viniste anoche a cenar?

—Pero, ¿cómo hostias quieres que vaya a cenar si tengo la emisión a las doce?

—Y yo; pero anoche era sábado.

—¡Qué más da! Yo tengo todos los putos días emisión.

La etapa ha sido aburrida, propia de un final de Vuelta. Me he encontrado con Rafa Cortés Elvira en la meta. He notado que quería ser agradable conmigo. El alcalde, Álvarez del Manzano, ha protagonizado una conversación muy *original* con el presidente de la Federación Española de Ciclismo, don Juan Serra. Al final, Jalabert ha vuelto a ganar al *sprint* y la Vuelta ha terminado.

He visto desaparecer a Linares corriendo camino del aeropuerto, a Belda camino de la estación. Al Botas... He llegado esta noche a la radio y me siento raro. Me siento como solo. Estoy cansado, necesito unos días en el pueblo.

Martes, 17 de mayo

El cansancio me está envolviendo en una extraña depresión. Mis hijas se han vuelto como locas cuando me han visto. Sin embargo, tengo toda la semana copada. Mañana juega el Barça la final de la Copa de Europa en Atenas con el Milán. Después del jueves voy a coger unos días de vacaciones. Es curioso... Ahora que estoy en casa y tengo menos ajetreo, noto mucho más el cansancio. No me apetece nada. Lucía hace el domingo la comunión y me siento vergonzosamente perezoso para todo.

Esta noche he entrevistado a José Luis Núñez. Me ha transmitido cierta simpatía y gran dosis de ternura. En el fondo, creo que Núñez es un gran sentimental. No tengo ganas de nada. Ni siquiera sé cómo a ciertas horas tengo fuerzas para escribir aquí estas cuatro gilipolleces.

Me fortalece que me hayan consentido llevarme a Bustillo al Mundial de Estados Unidos. Sin embargo, él parece como que pasa de ello.

Miércoles, 18 de mayo

El Milán le ha metido cuatro al Barça en Atenas. La gente llamaba por teléfono a la redacción, muchos de ellos alegrándose y provocándome para que "haga", "diga", "pregunte"... esta noche. Al final, hago lo que me parece. Como siempre. He notado a Cruyff distante, dolorido y preocupado. He visto a Gaspar extrañamente consolado y con la derrota encajada y muy bien asumida.

El Lobo Carrasco es el que mejor ha explicado esta noche el 4-0:

—Les han faltado las ganas de remontar y el convencimiento de ser los mejores.

Continúa lloviendo sobre Madrid y hace un frío de invierno.

Jueves, 19 de mayo

Ocaña se ha suicidado. Me duele el alma.

Lunes, 30 de mayo

He estado mucho tiempo sin ganas de venir a pasar el rato a estas hojas. En algunos momentos estuve a punto, pero luego me quedaba bloqueado y no era capaz de escribir nada.

El campeonato de Fútbol-7 de los niños me ha relajado bastante, aunque he acabado cansadísimo y colorado como un cangrejo de tanto sol.

Son las dos y media de la mañana. Hace calor. Se ha levantado un poco de viento y creo que acabará lloviendo. Por la ventana he visto zigzaguear dos relámpagos. Tengo en frente dos estuches de cartón, color crema, con dos botellas de *armagnac*. En el estuche leo y releo la dedicatoria que me hizo Ocaña las veces que fui a su casa y me hizo pasar a esa casita junto al caserío, donde tenía su refugio a modo de oficina y donde guardaba celosamente sus mejores botellas de *armagnac:* "A José Ramón, por los buenos momentos que hemos pasado juntos".

Quisiera llorar, pero no puedo. Tengo pena y dolor a la vez. Me llegan todos los recuerdos al tiempo y con cierto masoquismo voy masticándolos en el cerebro despacio: Aquella noche en Alpe d'Huez, cuando nos dieron las seis de la mañana contándome los tres años que estuvo sin hablarse con Eddy Mercks. Le tenía un gran aprecio al belga. Cuando Paco Nadal y Pedro Collado se me quisieron volver a España porque no soportaban su forma temeraria de conducir y Ocaña se cabreó y nos tiró las llaves. Estuvo varios días enfadado como un crío. Se sentaba en el asiento trasero del coche y no quería conducir ni preguntar cuando nos perdíamos. ¡Era tan cabezón...! Cuando nos llevó a cenar en París a un restaurante vietnamita y se cabreó porque no nos gustaba la sopa de serpiente. Cuando su mujer pedía un menú en la cena para aquella perrita que tenía con dos trenzas. Le picábamos a Ocaña y él, cabreado, contestaba:

—Un día la perrita va a ir en medio del pelotón.

Cuando se subió una tarde en la moto y se pegó un golpe tremendo en el codo y no se dejaba curar. Cuando se fue a Antena 3 y yo viajé a su casa con el Botas para convencerle de que se quedara:

—Ya he dado la palabra a Butanito.

Tratamos de convencerle y me dijo:

—Si Butanito me libera de mi palabra, me quedo contigo.

No le liberó y se fue.

Ha sonado un trueno tremendo y ha comenzado a llover.

Miércoles, 31 de mayo

Carlos Sainz ha ganado el *Rally* Acrópolis de Grecia. Por la tarde me llama Ponseti. Está eufórico:

—He quedado con Carlos a las doce en una pizzería de Atenas donde va a cenar todo el equipo de Subaru.

Cuando faltan diez minutos para comenzar el programa llamamos a Juanjo Lacalle, *manager* de Carlos, a esa pizzería de Atenas. Juanjo está un poco dubitativo, me felicita por la Vuelta y por los últimos datos de audiencia y termina atacando el problema:

—José Ramón, tenemos que entrar primero con el Butano.

—¡Pero habéis quedado primero conmigo!

—Hazme este favor. Tu eres más normal —se le nota cortado—. El otro dice que si no entra con él primero, no le mete.

—¡Pues que no le meta!

—Carlos le debe un favor de cuando el problema de su padre. La semana que viene quedamos contigo y te lo explico todo.

—Bien, pero acabad con él pronto para no entrar muy tarde con nosotros.

—A las doce y cuarto te llamamos a ti.

—No os dejará, le conozco. Os tendrá entretenidos hasta las tantas. Lo hace siempre.

—Te doy mi palabra que a las doce y cuarto te llamamos.

A las doce y cuarto Bustillo me hace señas, levanta la cabeza y oigo por los auriculares:

—Llama Carlos Sainz, que le metas ya. García todavía no le ha metido.

Carlos Sainz y Juanjo Lacalle han cumplido su palabra, pero no entiendo qué habrá pasado para que el otro no les haya llamado.

J U N I O

Miércoles, 1 de junio

Parecido problema que anoche con Carlos Sainz hay con Alberto Berasategui. Alberto se ha metido en las semifinales del torneo de Roland Garros. Me ha caído fenomenal. Es un tipo majísimo. Está alojado en el hotel Concord Lafayette de París que yo conozco muy bien. Es donde se alojan los ciclistas cuando finaliza el Tour. No recibía llamadas en la habitación del hotel, supongo que por el agobio al que le habíamos sometido todos. Me ha llamado él con Miguel Ángel Zubiarraín. Se iban a cenar y hemos quedado para después que intervenga con el Butano. "Espero que me suelte pronto", me ha dicho. Le ha soltado a la una de la mañana.

A todo esto, el Rayo ha bajado a Segunda después de perder con el Compostela en Oviedo. Díaz Vega ha tenido un arbitraje desastroso. Sin embargo es el árbitro que nos va a representar en Estados Unidos.

No estoy muy lúcido esta noche. Mejor lo dejamos así.

Viernes, 10 de junio

Después de un vuelo de siete horas a Nueva York, una escala de tres y otro vuelo de dos horas más, llegamos a Chicago. Bustillo, Oliveros y el Lobo Carrasco han sido mis compañeros de viaje. Paquito y Gallego viajaban con la selección, que hoy jugaba en Canadá. Y Ruano, Lama, Robinson y Tomillo viajaban a Dallas.

El viaje ha sido muy bueno. Desde el aire, Nueva York resulta espectacular, pero, al mismo tiempo, se te hace familiar gracias a las películas.

En el aeropuerto de Chicago nos espera una espantosa *limousine* negra donde acomodamos maletas y bultos y aún sobra sitio para que estiremos placenteramente las ocho piernas. El chófer se esfuerza en hablar español sin conseguirlo. Aún así, termina por sintonizarnos una emisora de habla española donde invitan a un baile de chicanos para la noche de este viernes, que a nosotros se nos hace interminable.

Hemos ido volando en dirección a la puesta del sol. Ahora, que en España serían las dos de la mañana, aquí son las siete de la tarde y luce un sol espléndido. Venimos de buen humor y ninguno confiesa sentirse cansado.

El hotel de la selección está a unos veinte kilómetros del aeropuerto y a cuarenta de la ribera del lago Michigan, donde hemos visto alzarse los rascacielos de Chicago desde el avión. En esa vista aérea también se divisaba el estadio donde jugará España los partidos con Alemania y Bolivia.

Aquí son ya las nueve de la noche; en España las cuatro de la mañana. Aún no ha llegado la selección de Canadá, ni siquiera sabemos cómo han quedado. En el *hall* han colocado una gran bandera española.

Sábado, 11 de junio

Los americanos pasan del Mundial de Fútbol. En el hotel donde se aloja la Selección, a casi cincuenta kilómetros de Chicago, hay unas impresionantes medidas de seguridad. Casi siete coches ocupan siempre el *parking* reservado a la policía.

Esta tarde hemos viajado al centro para cumplir el formulario de las acreditaciones. Chicago es impresionante. No lo imaginaba tan limpio. No se ve un papel en el suelo.

Hemos dado con un restaurante italiano abarrotado, donde, después de implorar a los camareros, nos han dado una mesa para después de una hora de espera. Carrasco se encela hablando de fútbol. Sospecha que Guardiola no va a jugar este mundial y eso le pone malo.

Después de cenar intentamos subir al Sears Tower, el edificio más alto del mundo, pero estaba cerrado.

Casi con las luces del nuevo día regresamos al hotel. En España ahora debe ser mediodía. No acabo de acostumbrarme.

Con Marino Lajarreta, Vicente Belda y Pedro Delgado.

Con Carlos Sainz después de ganar su primer Campeonato del Mundo, en 1991.

Largas colas de gente en la Gran Vía horas antes del programa.
Me da corte bajar a verles... No sabría cómo agradecérselo.

El estudio de grabación se llena de público que asiste a la emisión en directo y da calor al programa.

Firmando autógrafos al final de una emisión de *El Larguero*.

Pedro Delgado recibe el Larguero de Oro en septiembre de 1994,
en que dio por finalizada su carrera deportiva.

Primer debate entre Ramón Mendoza y Florentino Pérez
en las elecciones a la presidencia del Real Madrid.

El equipo de *El Larguero*. En cuclillas, de izquierda a derecha, Juan Antonio Alcalá, Lobo Carrasco y Pepe Domingo Castaño. De pie, Alfredo Relaño, Carlos Bustillo, Javier Lalaguna, Michael Robinson, José Ramón de la Morena, Alfonso Azuara y Damián González.

Martes, 14 de junio

Nos vamos acoplando. Anoche llegó Mendoza. En plena polémica con Clemente, el presidente del Real Madrid no sería bien recibido aquí.

Veníamos de jugar al fútbol con un balón que se ha comprado el Lobo Carrasco. Veníamos discutiendo y peleándonos por quién había sido el menos malo. Mendoza estaba en el *hall* del hotel rodeado de periodistas que le acosaban a preguntas afiladas sobre Clemente, pero Mendoza, aculado en tablas, no entraba a ningún capote. Había hablado con Villar y acordaron un pacto de no agresión. Después tomó café con Clemente y hoy ha estado en el programa.

En privado, Mendoza deja claro que no es un gran admirador de Clemente, pero no quiere líos en el mundial. Me da la sensación de que va a esperar a ver qué pasa.

Paquito le ha picado tanto al Lobo con el partido que Carrasco le ha dicho que le gana aún jugando con cinco contra quince. Y Paquito le ha tomado la palabra. La apuesta son mil dólares de Carrasco contra cien de Paquito. Carrasco, Gallego, Quiroga, Bustillo y yo, contra un equipo que forma Paquito con quince jugadores. Al final, el Lobo le pedía un portero y Paquito decía:

—Coge a Oliveros.

Y el Lobo:

—No, Oliveros no juega. Otro.

Paquito ha logrado picarle tanto al Lobo, que ha terminado por aceptar la oferta de los mil dólares, seis contra quince.

Después hemos ido a Chicago otra vez. Era la inauguración de la Casa de España, a donde hemos llegado tarde como consecuencia de la distancia y el horario del programa.

Pero esta noche lo que más me ha gustado ha sido la carta que el Lobo Carrasco ha leído a Clemente. Decía así:

"A Clemente, sin rencor:

Tuve que venirme a más de diez mil kilómetros de distancia para saber quién eres. No me importa que digas que fui un mal jugador, que no metía el pie, o que no doy la talla como periodista; eso me da igual. Lo que realmente me importa es tu cargo. Me explicaré.

Un seleccionador no debe distorsionar, romper o enfrentar a clubes, a colegas de profesión, o a pueblos. Tú siempre te has caracterizado por una sugerente invitación a la guerra y la descalificación.

¿Recuerdas cómo echaste toda la leña que pudiste al fuego en los enfrentamientos Athlétic de Bilbao-Barça?

Lograste enfrentar a dos pueblos que luchaban por reivindicar derechos ancestrales, un idioma, una autonomía, un poder. En fin, que se querían.

Pero hablemos de fútbol, que es lo que más me gusta. Me gusta que digas que eres amigo de tus amigos y a muerte, claro. A mí también me sucede eso que considero maravilloso, por cierto. Lo que no me gusta es que no sueñes, que creas que lo importante es lo que se diga y no cómo se diga.

Claro, te hablo de la estética. Sí, de eso que hace que una persona tenga estilo o sea un vulgar o un ordinario. Y tú, amigo, creo que te irás con algún trofeo a tus espaldas, pero sin que nadie te recuerde con admiración.

Y es que, amigo, ganarse el respeto de los mayores, tener el cariño y la admiración de los niños, sembrar el bien, ser tolerante con nuestros amigos o enemigos y dejar un jardín (de rosas y buen césped, eso sí, y no de tierra y cardos), eso, amigo mío, es haber triunfado.

Estoy dispuesto a ayudarte en lo que pueda, por España, por supuesto.

Pero si no es así, porque no quieres ayuda, tranquilo, lo que tengas que oír de mí, lo oirás en tu cara. Como a mí me gusta, sin intermediarios; mis amigos vascos también suelen actuar así, por eso me extraña tu actitud.

Las interioridades guárdatelas. La vida privada de cada uno sólo pertenece a uno mismo.

Futbolísticamente difiero de tus planteamientos. Dejemos a los jugadores al margen. Personalmente admiro al Ájax, al Barça, al Real Madrid, al Zaragoza, al Deportivo del primer año con aquel fútbol maravilloso. Pero lo que más admiro es salir a imponer, a mandar y a tener al contrario pendiente de ti. Hay muchos que conducen, pero muy pocos son los que se divierten conduciendo. Yo amo lo segundo, como Cruyff, Valdano o Víctor Fernández.

Sabes por qué estoy triste cuando pienso en la Selección, porque veo a nuestro equipo ganando el Mundial, con permiso de Brasil, jugando con inventores, artistas y ganadores, pero ganadores de los que aún no se ha escrito. Buenos jugadores igual a buen fútbol, pero siempre con alguien que ame el riesgo, el compromiso y los lance al éxito.

Permíteme que me enamore cuando veo a Guardiola pedir el balón al portero, perdiendo 1-0; a Laudrup mirar a ese niño que está en la grada y pasar el balón milimétricamente al lado contrario, para que un compañero alcance la gloria del gol. Ese gol bonito y no feo, que significan lo mismo para ti.

Te invito a la reflexión y a la paz, con todos claro.

Cuídate.

Tu amigo,

El Lobo".

Miércoles, 15 de junio

La apuesta del partido está teniendo matices peligrosos. Paquito se ha envalentonado y el Lobo no cede.

Esta noche hemos ido a Chicago. Después de subir al impresionante rascacielos del Sears, desde donde se divisa toda la ciudad, buscábamos un sitio para cenar. Todo estaba cerrado y en lo que encontramos abierto, ya no servían cenas. El estómago nos corroía de hambre.

De repente, un grupo de españoles nos señala el Planet Hollywood y nos dicen que está abierto y que se puede cenar.

El Planet Hollywood es el restaurante de Bruce Willis, Stallone y Schwarzenagger. No es nada especial, pero está decorado en ambiente de cine. Allí estaba la cazadora de Malone, las metralletas, la maleta de Kevin Costner, el Elliot Ness de los Intocables... Encontramos mesa y nos sentamos.

Sólo tenían pizzas y comida rápida. O sea que en seguida pedimos cerveza y pizza para todos.

De pronto, el camarero mexicano, que habla español, se fijó en la credencial que colgaba del cuello de Quiroga, luego en la mía y nos preguntó si éramos jugadores de la Selección. Yo le dije que sí, que era compañero de Hugo Sánchez en el Madrid y que jugaba en la Selección y que Carrasco jugaba en el Barça y conocía mucho a Maradona (fue la única verdad de la noche).

El camarero alucinaba. Nosotros seguíamos la juerga aumentando los embustes. El mexicano, cada vez más agradablemente sorprendido, preguntó que quién era Oliveros y le dije que era el seleccionador Clemente. Aquello amenazaba con ser una pasada, pero el camarero se marchó y al rato aparece con el encargado del local, un tipo inmenso de casi dos metros y cien kilos de peso.

Vienen a la mesa y nos presenta como jugadores de la Selección española de fútbol. El tipo grandón nos estrecha cortésmente la mano y dice que quiere hacernos unos obsequios como recuerdo de nuestra visita. Nosotros, encantados, aceptamos unas bolsas en las que descubrimos una gorra, unos pantalones cortos y una camiseta, todo con los anagramas del Planet Hollywood. Cuando se van, las risas eran peligrosamente escandalosas.

El Lobo apuesta a que todavía nos invitan a cenar. Seguimos cenando entre risas e imitaciones de Oliveros a Clemente y pedimos la cuenta. De nuevo aparece el camarero mexicano con el encargado gigante y nos chapurrea que el Planet Hollywood está encantado de invitar a tan ilustres visitantes, pero que desean hacernos una fotografía para colocarla junto a la de actores y actrices de Hollywood. Aquello era el no va más. Paquito y yo conteníamos la risa a duras penas. El Lobo se tuvo que meter debajo de la mesa simulando que se le había caído algo. Los otros se tapaban con la servilleta. Paquito acertó a decir:

—Bueno, verán ustedes, es que tenemos la imagen vendida a una multinacional y no podemos hacernos fotos...

Pero el mexicano insistía de forma tozuda y el gigantón nos miraba con una sonrisa suplicante. Yo, entre risas, acerté a susurrar:

—Debíamos hacernos la foto, no sea que éste se cabree.

De nuevo las risas contenidas y el mexicano cada vez más mosqueado. Fue en ese momento cuando dejamos a Oliveros diciendo:

—¡El coach!... Lo que diga el míster...

Y Oliveros dijo en tono serio y contundente:

—Podéis haceros la foto.

Y nos hicimos la foto. Cualquiera sabe lo que pensarán si algún día descubren quiénes somos. Pero no lo creo. Estos yankis de fútbol no tienen ni idea.

Nos hemos despedido tan amigos. Les hemos dicho que el sábado, después de ganar el viernes a Corea, volveremos otra vez a celebrarlo.

Luego, en el camino de regreso al hotel, nuevamente nos hemos vuelto a perder.

Jueves, 16 de junio

Dallas es una ciudad extraña. Tiene un cogollo de altos edificios, que parecen de cristal, en el centro, y luego se desparraman en casas de poca altura hasta distancias abismales.

El hotel de la selección es precioso. Decorado estilo romano, como si fuese el palacio de los césares. En la planta siete están los futbolistas, sólo se puede acceder a través de una clave de números que hay que marcar en el ascensor.

Lama y Xuancar nos están esperando en el hotel. Nos da alegría volver a encontrarnos todos juntos otra vez. Traen un tremendo coche rojo alquilado, en el que vamos a visitar la calle en la que asesinaron a Kennedy. Es tal cual aparece en la película *J.F.K.*, pero el lugar en que le alcanzaron los disparos tiene una pronunciada cuesta hacia abajo en la que nunca había reparado.

Después vamos a uno de esos bailes de música *country*. Me entusiasmo. Van todos con sus pantalones vaqueros, sus botas, sus sombreros y bailan todos en la misma dirección. Fue bonito de verdad.

A Clemente le noto fingiendo tranquilidad. Corre el rumor de que no va a sacar a Julen Guerrero y si lo hace dejaría fuera a Caminero. Carrasco se cabrea cuando hablamos de estas posibilidades. Damián me viene lamentándose de que al cruzarse con él en el pasillo, ha dicho:

—Aquí hay mucho hijo de puta.

Está nervioso. Nervioso e inseguro. En el fondo, Clemente, hay veces, pese a su resentimiento y sus odios, que me da pena.

Viernes, 17 de junio

Escribo en el avión que nos lleva de regreso a Chicago. España ha empatado a dos goles con Corea. En el asiento de al lado veo a Míchel con su mujer. Ella dormita, él charla con María Escario y José Luis Garci. Me ha dado un poco de pena esta mañana verlo posar para los fotógrafos saludando y dándose abrazos con Clemente para decir a los españolitos que no pasa nada.

He desayunado con Cortés Elvira. El secretario de Estado para el Deporte me pide, en riguroso secreto, que le ayude a cambiar las directrices actuales del fútbol:

—Hay que buscar una alternativa a Villar y yo creo que Eduardo Herrera puede ser el hombre...

—Joserra —me dice con gesto grave—, es posible, dada la situación política del país, que a mí me quede poco tiempo como secretario de Estado, pero creo que debo hacer algunas cosas antes de irme... No puedo, no debo consentir que el deporte español lo maneje y lo dirija el Butano.

—¿Ahora me vienes con eso?— le reprocho.

—No seas injusto conmigo —me dice—. Tenemos que contribuir a que esto cambie y mejore. El deporte español ahora mismo se mueve por odios y caprichos.

Discutimos y le echo en cara lo que a mí me han parecido sus errores. Pero termino confiando otra vez en él.

Se me viene ahora esa escena a la mente, cuando volamos de regreso a Chicago con la decepción de haber empatado con los coreanos. Miro hacia el asiento donde viene sentado Míchel. Detrás de las gafas que lleva puestas, veo los ojos cerrados y la cabeza ladeada. Me hubiera gustado que se hubiera atrevido a ser comentarista de la SER en este mundial. ¡Lástima!

Domingo, 19 de junio

¡Dios, qué experiencia más cojonuda!

Buscábamos un restaurante para cenar en los alrededores del hotel. Es una zona de lujo donde casi todo está cerrado a partir de las 10 y eran las 10.30. El dueño de una heladería nos indica un restaurante italiano próximo. En la puerta sólo hay tres coches y una inmensa *limousine*. Entro el primero. Está casi a oscuras. Bustillo dice que debe de estar cerrado, pero empujo la puerta y se abre. Un camarero me dice que el restaurante está cerrado para una cena privada. Miro al fondo y veo una mesa en la que está sentada una familia y canta para ellos un tipo de voz melosa, en italiano. El tipo, al verme entrar, se calla. Alguien le hace una seña y ve mi credencial del mundial. Le veo que echa una mirada hacia la mesa para la que cantaba y algo le deben decir o indicar, porque se deshace en atenciones con nosotros y nos indica que podemos sentarnos.

Cuando estamos pidiendo la cena, viene el cantante, que es el dueño del restaurante, por lo que veo, y nos dice que don Nicoli Rosasco, el más importante hombre de negocios de Chicago, quiere saludarnos. Es un hombre altísimo, corpulento, con gafas de concha y un tremendo puro habano en el bolsillo. Viene sin chaqueta y luce unos inmensos tirantes rojos. Nos saluda muy amable y nos pregunta si conocemos a Ballesteros. Dudamos, pero le digo pronto que sí, que somos muy amigos de él.

Don Nicoli lleva detrás de él un guardaespaldas búlgaro que enseguida nos pregunta por Stoikov. Pero don Nicoli quiere que le hablemos de Ballesteros. Yo le digo que soy muy amigo suyo —mintiendo lo más disimuladamente que puedo— y que conozco a su suegro...

—¡Botín! —dice él—.

—¡Claro! —respondo—.

Suelta una parrafada en inglés y yo asiento sonriendo sin entender nada. Pregunta por su *caddy* y yo le digo que está bien. Él insiste. Bustillo ahí está inmenso: resulta que conoce a Manuel Ballesteros, su hermano, que hace de *caddy*. Don Nicoli sonríe satisfecho.

Al rato viene el camarero y dice que estamos invitados de parte de don Nicoli a beber lo que deseemos. El cantante nos pide a Carrasco y a mí que le ayudemos a cantar *La paloma*, de Julio Iglesias, y pone el *play-back* de la música. Carrasco y yo nos arrancamos cada vez más animados por el vino.

La hija de don Nicoli es una rubia que luce un Rolex de diamantes en la muñeca y se encapricha con sacar a bailar a Bustillo. El Busti se hace el remolón.

Yo le susurro:

—Si no bailas, mañana es fácil que estés en el lago Michigan con un balazo en la cabeza.

Carrasco se retuerce de la risa mientras Bustillo se encabezona en no bailar.

Al final hago el quite y bailamos una especie de *rock and roll* hasta que la risa nos tira al suelo al Lobo y a mí.

Don Nicoli sonríe satisfecho y continúa invitando a copas. Sus amigos italianos nos dicen que son de Palermo y que les gusta el fútbol. Les damos conversación y les hablamos de Maradona.

Cuando ya no podíamos más, por el sueño y el cansancio, nos hemos despedido besándole la mano a don Nicoli. Carrasco se retorcía cuando me ha visto hacer la ceremonia de la *cosa nostra* en señal de respeto; pero él ha venido detrás y ha hecho lo mismo. Bustillo y los otros sólo le han dado la mano.

De regreso al hotel me dice el Lobo:

—Tenías ganas de conocer a un tipo de éstos, ¿no?

— Sí, pero no tan de cerca, ¡joder!

En el programa hemos tenido a Zubizarreta y Cañizares juntos. Clemente ha anunciado que el martes jugará Zubizarreta. Cañizares está mosqueadísimo, pero se calla. Y Zubi está también mosqueado, porque dice que la prensa le ha transformado en el malo de la película. He visto preocupación en sus ojos.

Martes, 21 de junio

La selección ha empatado con Alemania. Clemente ha sacado a Guardiola y han jugado francamente bien. A mí no me ha salido un programa bueno, he estado por debajo del momento. Paquito, Gallego, el Lobo y Oliveros han hecho una transmisión muy buena. Cuando he entrado yo a las doce, creo que el nivel ha bajado. Estaba como frío, como si no acertase a meterme en ese estadio. Tal vez la soledad de esta habitación me ha marginado un poco, yo hacía el programa desde el hotel y ellos estaban en el estadio. Tal vez el sonido que me llegaba repetido por el satélite y otras veces con retardo, pero me he encontrado incómodo y torpe. No me divertía y ésa es la aguja que me indica que algo no va bien.

Miércoles, 22 de junio

Es curiosa la facilidad que tengo para bajar el ánimo. No sé si son los días, que ya me pesan fuera de casa y lejos de mi ambiente, pero, de pronto, estoy experimentando una tremenda soledad. Me veo solo para todo y seguramente no es cierto, pero yo lo noto así. Me veo solo en la habitación, solo preparando el programa.

Levanto la vista y veo a Bustillo esperando que le diga qué vamos a hacer y a mí no se me ocurre nada. Paquito, Gallego, Oliveros... incluso Bustillo, hablan y se divierten preparando el *Carrusel* con Lama y Xuancar. Es lógico, es el programa que va antes, después viene *El Larguero* y yo me atasco en el barro de un principio de decaimiento que no sé bien a qué viene.

Clemente ha dado vacaciones a los jugadores hasta mañana a las seis de la tarde. Han venido sus mujeres y el hotel, los pasillos, el *hall*, huelen a familia, visita y perfumes caros.

Jueves, 23 de junio

Llueve en Chicago. Llueve a cántaros y sin parar durante todo el día. Voy recuperando el ánimo. A mediodía viene Damián con Brotóns. Me traen una cinta de Clemente en unas declaraciones a las televisiones autonómicas en las que nos llaman corruptos, mentirosos y contrarios a la Selección española. No da nombres, pero deja claro por quién va. La verdad es que no me escandaliza demasiado.

Se me ocurre invitar al programa a García Candau, director del *AS* y enfrentado también a Clemente, José Vicente Hernáez, subdirector de *Marca* y amigo de Clemente, Miguel Rico, del *Sport*, que también suele ser amable con el seleccionador, y José María Artels, de *El Mundo Deportivo*, que no goza de las simpatías de Clemente tampoco.

La tertulia se hace tensa y un poco insípida. Yo pretendía mostrar al oyente quién es quién en la prensa y porqué, pero apenas he podido hacerlo.

Hemos ido a cenar al restaurante donde conocimos a don Nicoli. No estaba don Nicoli, pero sí sus amigos de Sicilia. Estaban los de Palermo que le acompañaban la otra noche y un tipo con pinta de conducir uno de estos gigantescos camiones que hacen la ruta de Nueva York-Chicago. Llevaba una cazadora negra, pantalones grises de pana, barba de cuatro días y unas patillas largas que le alcanzaban casi la base del mentón. De repente se puso a cantar y parecía Neil Diamond en persona. ¡Qué maravilla de voz! No nos cansábamos de oírla.

Poco a poco, voy recuperando la moral. Bolivia ha empatado con Corea y somos segundos de grupo.

Con esta lluvia se ha suspendido el partido que jugamos todas las tardes. Nos hemos ido al gimnasio. Me impresiona la fuerza de voluntad de Bustillo. Se machaca como un jabato intentando fortalecer la pierna maltrecha del accidente y creo que lo va a conseguir.

Sábado, 25 de junio

Me he tomado el día libre y he llevado al Ruano a Chicago. Otra vez la Torre Sears, aunque de día y a casi medio kilómetro de altura la ciudad aún es más impresionante. He logrado localizar el restaurante italiano en que cenamos la primera noche y hemos ido allí. La comida ha vuelto a ser excelente.

Antes nos ha dado tiempo a visitar la casa de Al Capone, transformada en museo. No merece la pena. Por seis dólares sólo puedes ver una sala con un viejo Ford en el que al parecer se desplazaba el gángster, algunos periódicos de la época que hablan de sus crímenes y poco más. El resto lo han convertido en una tienda de *souvenirs* con camisetas, ceniceros, postales y mil cosas más con la inscripción de Capone en ellas.

Chicago me ha parecido elegante, limpio y caro. A la vuelta me he encontrado con Julián García Candau, que de nuevo me ha estado hablando de Clemente y sus constantes impertinencias.

Me asalta la duda. ¿Y si la Selección quedase campeona del mundo? De repente todos le harían un héroe a Clemente. Es tan fácil como empatar pasado mañana ante Bolivia y luego ganar a Estados Unidos en cuartos de final. Después, en semifinales, cualquiera sabe quién nos puede tocar y qué pasaría. Entonces el pendenciero seleccionador que padecemos sería un héroe.

¿Y si fuese al revés?, ¿y si nos eliminara Bolivia? Entonces se armaría un clamor popular contra él, tan injusto como si le hicieran héroe por pasar a semifinales.

Me da pena que toda una trayectoria, una forma de ser, de actuar, de comportarse, de elegir, de vivir, de jugar al fútbol, de hacer radio, dependa de un resultado.

Cada vez que alguien me cuenta:

—Dice Clemente que como pase a semifinales te vas a enterar—, siento que me han robado la Selección y que me impiden disfrutar de la ilusión por verla ganar bajo la amenaza del seleccionador: "¡Como gane, se van a enterar ésos!"

Domingo, 26 de junio

Me viene Damián antes del programa con gesto grave.

—Quiero hablar contigo.

—Ahora estoy liado con el programa.

—Son cinco minutos. Mira, casi todas las noches Clemente se sienta debajo de la ventana de mi habitación y tiene una tertulia con periodistas afines suyos en la que nos pone a parir.

—¡Qué más te da! —le interrumpo—.

—Espera. Es que le he oído decir que va a llamar a directores de periódicos pidiéndoles que echen a determinados periodistas o no vuelve a hacer declaraciones a ese periódico y eso me parece muy grave.

—No te preocupes. ¿A qué hora es esa tertulia que dices?

—Es irregular, pero anoche, por ejemplo, estuvieron hasta las tres de la mañana.

—¿Y desde tu habitación se oye todo?

—Con total claridad. Están justo debajo de mi ventana.

—Vale; ya hablaremos cuando acabe el programa.

—¡Ah! En el *hall* se ha encontrado con Cortés Elvira y le ha dicho a la cara que no está de acuerdo con las declaraciones que está haciendo.

—¿Y qué ha dicho Clemente?

—Nada; se ha callado. Pero no lo sé, ya no les he podido oír más. Cuando acabe todo esto, pienso publicarlo.

A mí se me ha ocurrido una idea mejor. Veremos si sale.

Por la tarde hemos ido al campo donde entrena la Selección a jugar un partido con los chicos del colegio al que pertenecen los campos de entrenamiento. Míchel ha dicho que él hacía de árbitro, pero no se ha podido resistir: en cuanto ha visto el balón, se ha puesto a centrar, a rematar, a tirar penalties... He sentido pena y rabia. Verle allí con nosotros, sabiendo que la Selección está a unos pocos kilómetros preparada para jugar mañana contra Bolivia, mientras él peloteaba con nosotros y luego hacía de árbitro en el partido. Me ha dado pena pensar qué es lo que podía estar sintiendo, pero me parecía tan cruel y tan injusto que no se me va de la cabeza.

Miércoles, 29 de junio

Entra Paquito en la habitación muy temprano:

—Prepárate, ya está el lío organizado.

—¿Por qué? ¿Qué lío?

—En España el *AS* ya va por las claras contando todo.

—Nosotros estamos así desde el primer día.

—Hay una que tú no sabes...Vengo de las habitaciones del *AS* y he visto cómo el cocinero de la Federación llevaba la comida a los del *Marca.* También comen los de la COPE del menú de los jugadores, se lo sirve todos los días el cocinero de la Selección.

—Pero lo pagan, digo yo.

—Supongo, pero no creas que estoy yo muy seguro. El otro día vi cómo Roberto le pedía la comida al cocinero de la Selección con toda la naturalidad y yo no le vi pagar.

—A nosotros una noche nos dijeron que podíamos cenar comida española y nos cobraron el menú.

—Esta noche lo contamos en el programa...

Habían quedado en venir al programa Villar y Padrón, pero como me temía no han venido. El jefe de prensa de la Federación, Jorge Pérez, le ha dicho a Gallego esta mañana que tenían una reunión y que se iban a Chicago. He enviado a Oliveros a Chicago a la sede de la FIFA y allí no había reunión alguna ni nadie sabía nada de Villar. Era la disculpa del miedo. Aún así Jorge Pérez viene y nos dice que estarán el viernes en el programa, una vez que estemos en Washington.

Es curioso, hoy hace diez años que me casé. Y hoy hace cuatro años que Eugenio Galdón, el entonces director general de la SER, me mandó regresar a España por aquel lío cuando contesté a Butano. He estado un largo rato pensando y meditando en todo aquello. Fue una experiencia dura, que posiblemente me cambió hasta el carácter. Aquellas quince horas solo, en el aeropuerto de Roma y la cara de María del Mar y Antonio cuando fueron a buscarme al aeropuerto de Barajas...

Pensé que mi carrera como periodista se acababa y sin embargo no tenía miedo ni preocupación. Me invadió tal rabia y tal desencanto que era como si me hubiesen anestesiado el alma.

La tarde la hemos pasado jugando al voleibol. Todos contra Lobo Carrasco y Gallego. Hemos perdido, pero ha habido momentos de pasión latina con insultos y hasta casi peleas. Llevamos tantos días aquí metidos, que se acumula la tensión. Menos mal que mañana volamos ya a Washington.

Jueves, 30 de junio

Llegamos a Washington a las doce de la noche. Las calles están desiertas. Hace calor. Circulan algunos coches, pero la ciudad parece tranquila y muy ordenada. El guía del autobús nos advierte que la ciudad tiene movimiento desde las siete de la mañana a las cinco de la tarde, pero, a partir de ahí, la gente regresa a sus domicilios y no es trasnochadora, salvo los fines de semana. No se puede consumir alcohol ni cervezas en la calle y los excesos de velocidad están severamente penalizados.

El Hotel Capitol Hilton es inmenso. Es un hotel de corte clásico, de largos pasillos y habitaciones muy coquetas, pero algo pequeñas.

J U L I O

Viernes, 1 de julio

Desde primera hora de la mañana intentamos resolver nuestro problema de sonido para hacer el programa. Los intentos se hacen penosos y pesadísimos. El encargado de telefónica del hotel es un hombre mayor que no logra acertar con la madeja de cables que salen del circuito telefónico.

A las doce aparece un muchacho de color con muchos destornilladores y una especie de teléfono portátil. Ruano y Quiroga sudan. El negro parece encontrar la solución, pero Madrid no responde. Aburrido y preocupado, bajo al *hall*. Bustillo viene con gesto contrariado.

—Oye, que Villar y Padrón no vienen al programa.

—Me lo imaginaba. ¿Por qué?

—Dice Jorge Pérez (jefe de prensa de la FEF) que después de lo de la otra noche, ya no vienen.

—¿Qué pasó la otra noche?

—Lo de Oliveros, supongo.

Se refieren al hecho de enviar a Oliveros a la FIFA para comprobar que la reunión con la que se excusaban era mentira.

—No te preocupes.

Cerca de la una de la tarde, llega el Príncipe. Saluda y se encierra en una sala con los jugadores de la Selección. Nos dice que va a darles ánimos.

Por la noche hemos dado una vuelta por Washington. Hay muchos españoles y coincidimos a cenar en un restaurante que dirige un español. Pone música española y la velada se hace agradable. Se nos acercan unos americanos con ganas de charla. Preguntan por qué no viajan mujeres periodistas y nos acusan de ser machistas. Les contestamos que ellos son un pueblo inculto y engreído y que muchos no sabrían señalar en el mapamundi dónde está España.

Manolo aparece con el bombo. Se baila flamenco y el ambiente se dispara.

Estoy cansado. De regreso al hotel con Ruano pasamos por el Capitol. Es impresionante. Antes de acostarme estoy pensando en la posibilidad de irme mañana a Los Ángeles, con el Lobo, a intentar entrevistar a Maradona.

Sábado, 2 de julio

Escribo deprisa. Son las dos de la mañana. España ha ganado 3-0 a Suiza. Me voy a Los Ángeles dentro de media hora. Dormiremos en el avión lo que podamos. He convencido al Lobo y vamos a intentar la entrevista con Maradona.

Hay un vuelo que sale a las 5.30 de la mañana y llega a Los Ángeles a la 1.30 de la tarde, pero como ganamos tres horas de diferencia al volar hacia el oeste, serán las 10.30 cuando lleguemos. El partido de Argentina comienza a la 1.30 de la tarde. Podemos intentarlo.

Domingo, 3 de julio

Escribo reventado por el cansancio, pero borracho de alegría. ¡Lo conseguimos! ¡Entrevistamos a Maradona!

Llegamos al aeropuerto a las 4.30 de la mañana. El taxista nos ayuda a bajar los ocho bultos, entre los que van las dos maletas del Lobo, las dos bolsas mías y los equipos.

Tengo sueño y me salen continuos bostezos. Compramos los tres billetes hasta Los Ángeles. Carísimos. Es mentira eso de que los vuelos interestatales en EE UU son baratos: los tres billetes, doscientas setenta mil pesetas, sólo la ida. Ruano me mira como diciendo: ¿estás seguro de lo que haces? Le contesto con gesto afirmativo para que firme con la Visa Oro de la radio. Miro para otro lado mientras hago cuentas de las otras doscientas setenta mil para volver, más hoteles y otros gastos que irán llegando... Y ni siquiera sé dónde está Maradona.

Oigo a la azafata que nos chequea los billetes decir que haremos escala en Dallas. ¡Cojonudo! Cojo el *motorola* y llamo a Lama a Dallas. Oigo su voz dormida; allí es una hora menos.

—Joserra, ¿qué quieres?, son las 3 de la mañana.

—Envíame a Xuancar con las entradas al aeropuerto, hacemos escala en Dallas. Con un poco de suerte podemos llegar hasta los puestos de comentaristas y buscarle allí.

El vuelo a Dallas se me hace corto. Intentamos dormir un poco, un niño que llora en el asiento contiguo me lo impide. Bendigo mi suerte de hacer escala en Dallas. De no ser así, no podríamos conseguir las entradas para el partido. La FIFA se las envió a Lama al IBC de Dallas y Manolo nunca pensó que se me iba a ocurrir el día antes atravesar EE UU para llegar a Los Ángeles a ver un Argentina-Rumanía.

Miro hacia la izquierda. El Lobo se ha puesto las gafas de sol y se ha quedado dormido. Ruano también duerme. El niño ya no llora, lo que antes era un llanto ahora es el canturreo infantil de una canción en inglés que no entiendo. Me recuerda a mi hija Ruth cuando tenía tres años y cantaba aquello de "Patito pelón... pareces un duende con el camisón". La entonación es muy parecida. Comienzo a ablandarme y se me humedecen los ojos. ¡Seré gilipollas!, precisamente ahora.

Ahora no puedo flaquear. Tengo que dormir algo y pensar cómo voy a hacerlo. Lo ideal es llegar con tiempo al estadio y tratar de que el Lobo llegue a él.

En Dallas, Xuancar nos espera a la salida de la terminal. Nos abraza y nos desea suerte. Le da las entradas al Lobo Carrasco y enseguida pasamos por otra terminal al siguiente vuelo que nos debe llevar a Los Ángeles. Miro el reloj. Son las seis de la mañana, en España deben ser las doce del mediodía.

En el vuelo a Los Ángeles logro dormir algo. California está envuelta en una espesa capa de nubes. Hemos atravesado el desierto de Arizona y es impresionante contemplar desde el avión ese mar de arena y dunas. Imagino a los vaqueros y pistoleros del antiguo Oeste cabalgando por ahí hace más de cien años...

El avión desciende con suavidad sumergiéndose entre la espesa capa de nubes que almidona California.

Los Ángeles es una ciudad de más de cien kilómetros de diámetro, que apenas tiene edificios altos, supongo que en previsión de los continuos terremotos que asolan esta zona.

Un taxista, acompañado en el asiento delantero por un tipo gordo, nos propone llevarnos hasta el hotel de la Selección argentina. Aceptamos y le cargamos el coche de maletas, bultos y bolsas. El tipo parece agradable. Cuando llegamos al hotel de la Selección argentina, los jugadores salen ya hacia el estadio. Vemos a Fernando Redondo, el último en subir al autobús.

El taxista nos propone llevarnos también al estadio. Le contesto que necesitamos media hora para ducharnos y comer algo. El tipo acepta. Dice que para el taxímetro y no cuenta el tiempo de espera. Aceptamos su oferta. Las habitaciones del Hotel Four Saisons son carísimas. ¡350 dólares por noche! Ruano me pregunta:

—¿Qué hago?

—Coge una doble y una individual —le digo—.

Una ducha, una ensalada verde con salmón crudo que nos sabe deliciosa y otra vez al taxi. A Ruano le dejo en el hotel. No teníamos más que dos entradas.

El estadio está más lejos de lo que yo pensaba. El taxista se pierde. Entramos en Los Ángeles, centro urbano, pega un volantazo y cambia de sentido. Miro el reloj y son las 12.45. El partido comienza a la 1.30.

A la 1.15 todavía no divisamos el estadio. Comienza a preocuparme.

—Tranquilo —dice el Lobo—; debe de estar detrás de esos árboles.

Efectivamente, después de descender una larga recta entre pinos, aparece el estadio. Miro el reloj, la 1.20.

—¿OK? —pregunta el taxista.

—¡OK, *friend!* —le decimos—.

Nos pide ochenta dólares por todo. Le damos noventa y se da la vuelta tan contento haciéndonos sonar el claxon dos veces.

El estadio está a reventar. No atinamos con la puerta que nos lleve a los puestos de comentaristas. Suenan los himnos y estamos dando vueltas por todos los pasillos. Al fin, un guarda nos indica y aparecemos en la tribuna de comentaristas. Preguntamos por los del Canal 13 de la televisión argentina y el tipo de la FIFA nos contesta que eso no puede decírnoslo.

—Necesitamos verlos; somos compañeros suyos —le miento—.

Nos hace señas para que nos sentemos donde nos está indicado. Carrasco se cabrea:

—Mire, tenemos que llegar donde estén los del Canal 13.

—Imposible —contesta el taciturno acomodador—.

Yo insisto. Él hace una consulta en inglés pulsando un *walkie* que aferra en su mano izquierda y nos señala los asientos que nos corresponden de forma más drástica.

Nos sentamos. Al fin y al cabo, tenemos suerte; nos da la sombra milagrosamente por un metro. El sol cae como plomo derretido en un estadio que no tiene tribunas cubiertas.

Va a comenzar el partido. Oigo un clamor extraño en uno de los lados. Veo una fila de policías fornidos, en manga corta y con boinas moradas que bajan las escalerillas desde un vomitorio y vienen hacia nosotros. El público grita:

—¡Diego! ¡Diego!...

—¡Lobo! —le chillo—. Mírale. Es Maradona.

—¿Dónde?

—Allí —le señalo—. ¡Mira, donde está Claudia!

El Lobo Carrasco salta de su asiento y corre hacia la escalerilla, pero antes de dar dos pasos le sujetan los brazos de varios policías que le placan por la cintura y los hombros. Carrasco intenta explicarles, pero no le dan opción. Le devuelven a mi lado rápidamente. Trato de tranquilizarle porque está muy nervioso.

—¡Cabrones! Si me viese...

Maradona se sienta diez metros delante de nosotros, unas filas más abajo.

—No te preocupes —le digo al Lobo—. Después de todo hemos tenido suerte.

Carrasco grita a Claudia, pero el griterío es ensordecedor y no le oye. Le enviamos un mensaje en un papel escrito que damos a un policía para que se lo entregue, pero el policía se lo da a uno de los guardaespaldas, que sin leerlo lo rompe directamente.

—¡Cabrón!

Una de las veces, Claudia se vuelve. El Lobo se levanta y la mujer de Maradona le ve. Claudia le sonríe y se agacha hacia su marido susurrándole algo. Maradona se vuelve, ve a Carrasco y le tira un beso.

En el descanso, Carrasco trata de acercarse, pero de nuevo los guardias se lo impiden. Parece imposible. Fue entonces cuando, yo no sé cómo, el Lobo logró acercarse lo suficiente para que Maradona le oyese, se volviese y mandara que le dejasen pasar. Estuvieron charlando durante todo el descanso.

A su regreso, el Lobo me comenta:

—He quedado con él después del partido. Está en un hotel cerca del aeropuerto.

El partido finaliza. Argentina pierde 3-2 con Rumanía y queda eliminada. Nos metemos en un autobús que nos devuelve en una hora al centro de Los Ángeles. Allí cogemos un taxi y de nuevo al hotel. Ruano nos está esperando.

—¿Qué tal se os ha dado? —me pregunta al verme entrar—.

—¡Psss! Puede que lo consigamos.

Le cuento cómo nos ha ido y le digo que lo prepare todo, porque nos vamos a ese hotel cercano al aeropuerto.

El hotel donde se hospedan los argentinos está tan próximo al aeropuerto que los aviones despegan y aterrizan escandalosamente cerca. Es un edificio no muy alto, con una entrada cubierta por una gigantesca marquesina, bajo la cual varios porteros abren las puertas de los taxis y genuflexionan ante los distinguidos clientes que llegan. Es un hotel de gran lujo, no hay duda.

En el hotel me encuentro con Fernando Signorini, el preparador físico de Maradona, al que conocí en Nápoles. Le presento al Lobo y le digo que Maradona le está esperando. Signorini se deshace en amabilidad y llama a la habitación del futbolista desde un teléfono del *hall.* Cuelga y nos dice que subamos. Prefiero que suba Carrasco solo, así se lo explica el Lobo. Nosotros le esperamos abajo.

A la media hora, Fernando Signorini aparece de nuevo en el *hall* y nos ve allí a Ruano y a mí:

—¿No subiste, che?

—No, ha subido el Lobo; pero creo que vamos a subir a llamarle.

—Está en la habitación 2247. Es un pasillo largo. Verás dos policías; no te preocupes, ya les aviso yo.

En la planta segunda hay un largo pasillo a la subida del ascensor, donde no veo ningún policía. Giramos por el otro pasillo y tampoco hay vigilantes. Continuamos y, al doblar a la izquierda, veo a un muchacho joven, de tez morena, que me pregunta con la mirada, mientras empuña un *walkie-talkie.*

—Tranquilo, le digo en español. Estamos esperando a un compañero nuestro que está en la habitación de Diego hablando con él.

—OK ¿Quiere que le avise? —nos dice, desvelando un fuerte acento mexicano.

—No, gracias; no es necesario. Esperamos aquí.

Me vuelvo a Ruano y le susurro:

—Pues vaya mierda de vigilancia que tiene esto.

A los pocos segundos aparece otro vigilante abrochándose la bragueta y el mejicano le explica en inglés quiénes somos. El tipo nos mira con gesto desconfiado. La puerta de la habitación está entreabierta, Maradona asoma la cabeza:

—Ahora mismo hablamos, ¿vale?

—De acuerdo.

Sale el Lobo Carrasco:

—Joserra, ¡cojonudo! ¡Lo conseguimos! Dice que lo que quieras. Le puedes preguntar lo que quieras.

Grabamos la entrevista tal y como la quiero emitir en *El Larguero.* Maradona se muestra muy tranquilo. Está ilusionado con formar y organizar el sindicato internacional de futbolistas. De vez en cuando entran en la habitación sus hijas que le preguntan:

—Papá, ¿cuándo vamos a ir a los Estados Unidos?

—¡Pero, viste!, ya estamos en los Estados Unidos —les dice—.

—¿Y mañana iremos a Disney?

—¡Claro! Iremos a Disney.

Termino la entrevista un poco agarrotado. Se lo agradecemos y nos despedimos. Veo feliz a Carrasco. Me dan ganas de abrazarle —y lo hago— para que note mi agradecimiento. Ruano también está contento.

Tenemos hambre. Desde hace más de veinticuatro horas estamos con una ensalada de espinacas con salmón. Llamo a la radio. Les explico que haremos el programa desde Los Ángeles y después regresaremos a Boston.

Cenamos como fieras y aprovechamos para dormir unas horas.

Por la mañana llamo a Manolo. Está feliz también. Hoy, cansados, con sueño atrasado, pero muy satisfechos, hemos vuelto a atravesar los Estados Unidos desde Los Ángeles a Boston. A Ruano ya no le ha dado tanto apuro pagar los billetes del avión. Me ha mirado riéndose:

—Menos mal, ¿no?

—No te preocupes. Nunca dirán nada en la planta noble por esto.

Cuando venimos en el avión, Carrasco me ha dicho:

—Me gusta esto del periodismo. Me gusta la gente como vosotros, la aventura, el riesgo... Lo estoy pasando muy bien con vosotros, de verdad.

—Pues quédate y olvida eso de ser entrenador.

—El fútbol lo llevo aquí y aquí —me ha dicho señalándose el corazón y el cerebro—.

En Boston estamos demasiado alejados de la ciudad. El hotel está en medio de un inmenso bosque y mañana comienzan otra vez los entrenamientos.

¡Las dos de la mañana! Necesito dormir.

Jueves, 7 de julio

Mañana es el último entrenamiento de la Selección. Pasado, juegan contra Italia. La Federación ha colocado un cartel en el *hall* del hotel en el que invita a la prensa a una cena. Damián y Julián García Candau me vienen a preguntar qué vamos a hacer nosotros.

—No vamos, le respondo.

—Parecerá un feo al ministro de Educación, que viene a la cena.

—Me da igual cómo lo interpreten, pero ¡qué coño pintamos nosotros en una cena con Villar, cuando él no se atreve a venir al programa, o cuando consiente los insultos del seleccionador y sus provocaciones!

Candau habla con la experiencia de la sensatez:

—Podríamos ir y antes de comenzar la cena preguntarle a Villar qué opina de los insultos del seleccionador a determinados periodistas. Y que responda. Como no sabrá responder, nos marchamos.

—Con lo que hagáis, yo me solidarizo, pero no me siento en una cena pagada por la Federación. Es como cuando en tiempos de Porta se hablaba de pesebreros y chupópteros, ¿no os acordáis?

Me he puesto un poco borde y fuera de tono, pero me da repugnancia todo esto.

Por la noche, después de cenar, hemos montado una partida de mus. La luz era un poco tenue y he tenido que ir a por las gafas. Al levantarme, he visto a Clemente, que estaba recostado en la barra del bar con varios que le jaleaban las gracias. Debía de estar agrandado o llevaba ya varias copas, pero se ha vuelto hacia mí y ha comentado:

—¡Ah! Pues teníais razón... Sí, teníais razón.

Yo me he parado y me he quedado mirándole. Él se ha girado a su grupo de palmeros y ha terminado riendo sus propios comentarios. He visto a Paco, Ruano y Quiroga quedarse paralizados. Pensaban que el lío se armaba. Pero todo se ha quedado en eso.

Damián ha venido en seguida:

—Joserra, no la fastidies. ¡No entres! Quiere provocar un lío...

—Pues conmigo lo tiene fácil —le digo—.

—No, no la líes. ¡Por lo que más quieras!

Me he venido a acostar. Mañana hay que levantarse muy temprano.

Viernes, 8 de julio

Diluvia en este bosque, a ochenta kilómetros de Boston, donde está concentrada la Selección. Clemente entrena a puerta cerrada en un colegio privado porque el campo del estadio Foxboro está encharcado.

Llamo a Gallego:

—Vete antes que el autocar y te intentas colar en el colegio. Es la única manera de enterarnos de la alineación.

Gallego no puede colarse en el colegio, pero logra ver el entrenamiento entre unos arbustos y me ha venido con las dos únicas novedades:

—Se carga a Hierro y Camarasa y entran Otero y Caminero.

Por la noche, la FEF ha organizado una cena con los medios de comunicación. Nosotros no asistimos. El *AS* con Julián García Candau, Torrico, Maroto y Gálvez, su fotógrafo, tampoco. Damián, Luis Nieto y el fotógrafo de *Diario 16*, tampoco, así como el *Sport* y TV 3. El resto asisten casi todos. Nosotros cenamos en el comedor del bar que hay al lado y oímos los aplausos que llegan del patio principal donde se ofrece la cena.

El ministro de Educación, Suárez Pertierra, llega tarde. Han cancelado su vuelo de Nueva York a Chicago y tiene que venir en coche.

Cuando se está despidiendo en el *hall* del hotel, veo al ministro con Julián García Candau y Damián. Me llaman. Julián le explica nuestra ausencia en la cena. El ministro quiere ser diplomático y contemporiza. Cuando se va, Candau me dice que le ha explicado todos los detalles que se cuecen en la Federación de fútbol. Estoy tan desanimado que me da igual.

Mañana España juega contra Italia y yo tengo un seleccionador que me tiene hipotecada la alegría de un triunfo de mi Selección. Se subirán a la Cibeles si ganan, en Brunete tirarán cohetes y este tipo presumirá de ser más español que yo, como si él repartiese ahora los diplomas del patriotismo.

Cuando nos vamos hacia la habitación, me comentan que Clemente presume de tener un documento que prueba que estuvimos en el Planet Hollywood cenando y haciéndonos pasar por jugadores de la Selección.

—No, no nos hicimos pasar por jugadores —explico yo—. Nos confundieron y seguimos la broma... Incluso nos dejamos hacer una fotografía como si fuésemos jugadores de la Selección, pero eso ya se lo conté a la gente en el programa.

—Pues este personaje le ha contado al Butano que tiene pruebas de eso.

Me hace gracia que sea tan retorcido.

Sábado, 9 de julio

La Selección pierde con Italia el mejor partido de todos los que ha jugado en el Mundial.

El día amaneció envuelto en una niebla espesa y húmeda. Cuando bajo a desayunar, veo a Clemente trajeado. Los jugadores están subiendo al autobús. Clemente está en medio del corredor. Me doy cuenta de que me ha visto y está haciéndose el encontradizo. ¿Qué querrá?

Cuando estamos a punto de cruzarnos, levanta la vista y la voz al mismo tiempo diciendo:

—Pues es verdad. ¡Es bizco!

Y se me queda mirando. Yo estoy a menos de dos metros de él. Estoy por echarme a reír, pero me percato de que quiere provocarme y le contesto con desprecio:

—Sin embargo, yo hace mucho que me di cuenta de lo gilipollas que tú eres.

La cosa no fue a mayores porque entendí que buscaba esa provocación y por no sé qué extraño motivo.

Paquito y Lama se felicitan de mi desacostumbrada paciencia.

La Selección pierde por auténtica mala suerte. Regresamos en autobús desde Boston a Nueva York. El viaje se me hace excesivamente largo. La entrada en Nueva York, por las calles del Bronx, es impresionante, nunca lo olvidaré. ¡Tenía tantas ganas de conocer esta ciudad!

Cuando llegamos al hotel, en pleno centro de Manhattan, los jugadores están en traje de calle con sus mujeres, familiares, novias y se marchan a cenar con una cara de pena y decepción que conmueve.

Cogemos a un taxista que nos da una vuelta por Nueva York, según le pedimos, pero que luego termina dejándonos en un restaurante mejicano en el que seguro lleva comisión. Aún así, tenía tanta hambre y tantas ganas de conocer esta ciudad que doy por bueno el cansancio a estas horas de la noche.

Domingo, 10 de julio

Les había dicho a Bustillo y Gallego que me llamasen en el momento en que comenzasen a bajar los jugadores. Regresan a España a las seis de la tarde.

Quería charlar con Julio Salinas y Luis Enrique, quizás las dos imágenes del partido de ayer. Julio por el gol que falló y Luis Enrique porque le partieron la nariz.

Julio estaba grabando el programa de TV *Fantastic* en el *hall* del hotel con Guardiola y Chiqui Beguiristain. Cuando termina, subimos a su habitación para hacer la entrevista:

—Date prisa —me dice—. Quiero irme de compras.

No parece muy traumatizado, pero sé que lo está. Cualquiera que no le conozca pensaría que ya se le ha olvidado el día de ayer, ese partido y ese gol que pudo haber sido y no fue. Por el pasillo distingo la figura bajita y rechoncha de Antonio, el utillero de la Selección. Salinas le grita:

—¡Antonio! ¡Antonio! El balón, dame el balón.

Antonio remolonea y pone pegas:

—Tienes que pedir permiso, yo no puedo darte un balón.

Julio se desespera.

—¡Joder! Antonio, se lo he dicho a Gerardo González y me ha dicho que sí.

—Ya, pero a mí no me ha dicho nada —dice Antonio, mientras abre la puerta de su habitación—.

—Déjate de hostias, Antonio, y dame el balón.

El utillero refunfuña un rato más, mientras Julio Salinas le convence de que tiene todas las autorizaciones pertinentes para que le dé el balón. Al fin le dan el balón.

—¡No jodas, éste está usado!

—No hay otro —dice Antonio—.

—¡Dame uno de los nuevos!

El otro no cede y Julio Salinas sale de la habitación malhumorado, con un balón manchado de haber sido usado en algún entrenamiento.

—Es para un amigo —me dice—. Me lo ha pedido firmado, pero este Antonio es la hostia.

La entrevista me gusta. Julio tiene momentos en los que se emociona. Txiqui Beguiristain entra a despedirse y a firmarle el balón. Cuando se va les grita a los hermanos Salinas:

—¡Viva Galicia! —y Patxi responde—:

—Viva Euskadi.

Después, he ido a ver a Luis Enrique, Tengo la sensación de que —como con Caminero, que me ha regalado su camiseta de la Selección— con Luis Enrique hay buenas vibraciones. Estaba en el *hall* del hotel esperándome con Gallego y Bustillo.

Luis Enrique tiene cruzada la cara por dos esparadrapos que le sujetan la nariz escayolada. Me cuenta que ha pasado una noche muy inquieta y que Abelardo le ha dicho que gritaba soñando.

A las cuatro, las diez de la noche en España, he visto marcharse el autobús de la Selección.

Manolete ha llegado también muy arregladito a la habitación:

—Joserra, yo me voy.

—¡No jodas! Espérate al programa y nos vamos mañana.

—No me pidas eso... Yo me voy.

No he tenido fuerzas para pedirle nada. Se ha ido. Al final del programa, el Lobo se ha despedido de todos nosotros en antena. Ha estado emocionante.

Lunes, 11 de julio

Escribo a no sé cuántos miles de metros de altura. Sobrevolamos Nueva York. ¡Impresionante! Son las nueve de la noche aquí. En España deben ser las tres de la mañana. Llegaremos sobre las diez. He pulido hasta mi último dólar en regalos. Pero sales y te lías y te vas acordando... y vas comprando y comprando. Al final, tuve miedo de dónde meter tanto bulto en el avión. Menos mal que el Lobo ha conseguido que nos metan en primera clase, diciendo que la Continental, la compañía en que volamos, colabora mucho con la SER y que yo soy uno de sus mejores *speaker.* Bustillo y yo le escuchamos atónitos explicarse chapurreando el inglés, pensando que, en cualquier momento, las dos pacientes azafatas nos mandarían al carajo. Pero no. Nos han pasado a primera clase. O sea, que volamos ahora paralelos a la costa, un buen vino, una película y, sobre todo, un amplio butacón que casi se convierte en cama. Veo las luces de Nueva York y Manhattan perderse por la ventanilla.

¡Es una gozada! ¡Impresionante! Pero, ¡qué ganas tengo de volver a España!

Viernes, 15 de julio

Cuatro días que tenía guardados para relajarme y cargar las pilas. No lo he conseguido del todo. Reuniones y planes para la próxima temporada me han tenido zascandileando por los pasillos más tiempo del previsto.

Tengo la maleta otra vez lista para viajar mañana al Tour. He encontrado un vuelo a Marsella y allí alquilaremos un coche hasta Montpellier.

Por la mañana he pasado por la radio con la intención de despedirme de la gente que se va de vacaciones. En recepción me han dado una carta. No tiene remite, pero lleva el membrete de la SER. Supongo que será alguna liquidación de cuentas para la declaración de Hacienda o algo parecido. La abro en el ascensor, es de Juan Antonio Alcalá. Se va de vacaciones. Me ha dejado un poco asombrado. Me ha confirmado su gran fondo de sensibilidad, eso le va a hacer bastante vulnerable en esta fauna. Espero que no le hagan sufrir demasiado.

Sábado, 16 de julio

Mientras preparo la maleta y ordeno facturas del mundial, suena el teléfono:

—Joserra, soy Ángel.

Dudo un poco, pero en seguida caigo en Ángel Rodríguez. Es un chico que ha venido de Antena 3. Parece majo. Se lo he recomendado a Relaño cuando me preguntó el otro día por alguien para llevarse a Canal Plus.

—Ha llamado un tío diciendo que tiene grabada una conversación telefónica de Cortés Elvira y Clemente y que es bastante buena.

—¿Cómo lo ha grabado? —pregunto—.

—Creo que a través de un escáner. Dice que tiene varios teléfonos controlados y que han grabado a Cortés Elvira dando una bronca a Clemente.

—¿Cuánto pide?

—Entre setecientas y ochocientas mil pesetas.

—¿Has escuchado tú la grabación?

—No, le he dicho que te llamaría para ver qué decidías.

—Ten cuidado con lo que dices, te pueden grabar a ti también. Dile que te enseñe la grabación, a ver de qué se trata.

Una hora después vuelve a sonar el teléfono. Es Ángel:

—La grabación es mala. A Clemente no se le escucha, pero a Cortés Elvira sí. Se queja de sus declaraciones antes del mundial y dice que lo que ha hecho García llamando al ministro es muy grave.

—Muy bien. Necesito tiempo. Dale largas. Veremos de quién se trata.

Llamo a Cortés Elvira. Una voz femenina, con acento sudamericano, me dice:

—El señor está descansando.

Miro el reloj. Son las 7.15 de la tarde. Insisto. La muchacha está bien advertida:

—No le gusta que le molesten cuando está descansando. Llame en media hora.

Media hora después aparece la voz cansada y somnolienta del secretario de Estado.

—¿Qué ocurre?

Antes de darle explicaciones, le pregunto:

—¿Llamaste a Clemente anteayer?

—Me llamó él desde Marbella.

—¿A dónde?

—Al despacho.

—Este teléfono, ¿es seguro?

—Supongo que sí, contesta extrañado.

Le cuento la historia y se queda petrificado. Quedo en llamarle mañana en el programa.

No atino a salir de casa sin que suene el teléfono. Otra vez desde la redacción. Están trabajando bien:

—Ya sabemos quién es. Se llama J. A. y dice que trabajó en Radio Nacional de España con Juan Manuel Gonzalo, pero que ahora está en paro. El tío dice que tiene un amigo con un escáner y tienen cogidos varios teléfonos, entre ellos el de Clemente, que sonó ayer y le cogieron esa llamada a Cortés Elvira.

—¿Por qué no se oye la voz de Clemente?

—No lo sabemos. Dice que si tal..., que si esto...

—¡Qué raro! Seguid investigando lo que podáis.

Domingo, 17 de julio

Un vuelo a Marsella nos pone en el aeropuerto francés a eso del mediodía. Hace calor. Alquilo un coche con el que viajamos al viejo puerto de Marsella. Las dos y media de la tarde no es buena hora para comer en Francia. Aún así conseguimos una dorada a la plancha en un pequeño restaurante y un vino blanco que no desmerece.

Después de comer, ciento ochenta kilómetros hasta Montpellier. Allí encontramos los coches publicitarios, las motos y las señales indicadoras de que el Tour está aquí.

Brasil se proclama campeón del mundo por penalties. La prórroga y después los penalties me revientan el programa. Cortés Elvira se muestra asombrado cuando le cuento todo el asunto de la cinta grabada, pero creo que mañana tendremos tiempo para hablar con él. Hoy, Brasil lo ha ensombrecido todo.

Lunes, 18 de julio

Estoy reventado esta noche. Empiezo a acumular sueño y cansancio. Me he visto torpe esta tarde en la meta con el micrófono inalámbrico. Me faltaban reflejos para moverme y buscar personajes... ¡Tendría cojones que se me olvidase ahora ser reportero! Quizás es lo único que aprendí con ciertas garantías.

Cortés Elvira me ha defraudado. Le he visto como acobardado ante los tambores de guerra. El miedo es libre. Siempre lo acepto así, pero esta vez me ha defraudado. Tampoco esperaba mucho más, pero al menos le presuponía un poco más de valor. No ha querido entrar en detalles sobre el asunto de la llamada telefónica que le grabó aquel fulano en Marsella.

Avignon es una ciudad calurosa esta noche. Bustillo debe de estar rendido también, hace un rato que se ha quedado frito.

Voy a apagar la luz.

Miércoles, 20 de julio

Me deprimen estas alturas de las montañas. Hoy estamos en Val Thorens, a más de dos mil metros de altura.

Induráin sigue en su línea. Ha ganado la etapa un colombiano: Cacaíto Rodríguez. Mis amigos de Radio Caracol se volvían locos en la meta. Además, hoy es la fiesta nacional de Colombia. Me he alegrado por ellos.

Hay una niebla espantosa. Cae una lluvia fina entre las nubes bajas, que envuelven esta cima hasta no ver a un metro de distancia.

Nos han dado un apartamento con ocho camas en un hotelito de estos de montaña, que regentan unos catalanes majísimos. Las camas son como las de la casa de *Blancanieves y los siete enanitos*. Linares dice que él no duerme ahí, pero terminará por tragar. Barrunto grandes cachondeos esta noche... Pero no. Linares, Ares y Alonso deciden a última hora irse a dormir a otro sitio más cómodo...

Lunes, 25 de julio

Induráin ha ganado el Tour. Todo empieza a resultarme un poco monótono: la misma cena, los mismos discursos... Y el mismo programa, que hago tratando de disimular el cansancio y la desgana, como un último esfuerzo antes de las vacaciones.

Al final, logro convencer a Perico para que se venga a París. Se lo han pedido también los responsables del equipo en Madrid. Le ha recogido el Botas en el aeropuerto y me lo trae a mitad de la etapa, en un cruce de carreteras. Viene en bermudas y con la camisa arremangada:

—Me he tenido que cambiar en el coche.

Perico tiene un carisma especial. Cuando le ven los corredores le gritan desde el pelotón: ¡Pedro! ¡Pedro! Perico saluda a unos y otros chapurreando francés, inglés e italiano. En la meta le reclaman para que salga a desfilar en bicicleta por los Campos Elíseos con Induráin y el resto del equipo. Él se resiste un poco. Noto que le da un poco de corte. Al final le veo subido en una bici. Un aficionado español, desde las vallas, le ofrece una bandera española, Perico se baja de la bici y coge la bandera, reanudando el desfile. Los fotógrafos no dejan pasar la ocasión. Imagino que esa foto va a dar la vuelta a España esta semana.

Hace calor en París esta noche. La cafetería de la planta treinta y cuatro del hotel Concorde Lafayette aún permanece abierta, pero una arisca camarera se niega a ponernos una copa:

—C'est fermé.

—Una copa sólo —suplica el Botas—.

—C'est fermé —repite la camarera, mientras limpia una mesa sin levantar siquiera la cabeza—.

Contemplamos la panorámica de París adormecido, pero con sus luces encendidas. Es maravilloso.

Me despido del Botas, Alonso y Bustillo. Ellos se van mañana temprano, yo cogeré un avión más tarde con Ruano.

Un Tour más, un año más... un verano más. Y van diez desde el año 1984. Parece que fue ayer.

S E P T I E M B R E

Domingo, 4 de septiembre

Me he zambullido en las vacaciones.

Siento la sensación de agobio, inseguridad, extrañeza y todas esas cosas que se agolpan todos los años en estas fechas cuando comienza la temporada.

Hoy hemos comenzado con el debut del Pichi Azuara. Noto en la redacción un cierto ambiente de extrañeza. Supongo que será sólo por la novedad y la desconfianza que siempre crea alguien que llega nuevo. De momento, esta noche, se me ha enfrentado a Gil en el programa de una forma extremadamente violenta.

Mañana tengo que preguntar por el seguro de vida. Me hice las pruebas en julio y aún no me han dicho nada.

Lunes, 5 de septiembre

Me llama Juan, un abogado que me gestionó lo del seguro.

—¡Oye!, los del seguro me han dicho que te tienen que hacer otras pruebas porque han visto algo raro y quieren cerciorarse... Pero dicen que no te preocupes, que debe de ser una chorrada.

—¿Qué han visto raro?

—No lo sé. Me han dicho que estés tranquilo.

Estoy todo menos tranquilo. Decido no comentárselo a nadie. No tengo sueño, pero me duele horrores la cabeza. Debe ser que estoy extremadamente hipocondriaco. Se me viene todo a la cabeza... Y todo malo.

Martes, 6 de septiembre

Me llaman del seguro tratando de tranquilizarme. Me dicen que no debe de ser nada problemático. Insisten en que esté tranquilo, pero me advierten que tengo que hacerme otro análisis de sangre cuanto antes, porque con esas pruebas no podían hacerme el seguro. Vuelven a repetirme que esté tranquilo y me anuncian que me va a llamar un médico de la empresa.

El médico me llama al teléfono del coche. Apenas le oigo. Creo entenderle que no debe de ser nada grave, pero que me han de hacer otras pruebas cuanto antes.

Si no es nada grave, ¿por qué no quieren hacerme el seguro? ¿Por qué necesito más pruebas? El médico me dice que esas pruebas puede que sean engañosas si me las hicieron estando resfriado o tomando antibióticos.

Me estoy obsesionando demasiado con esto. Mañana me van a hacer las pruebas. No sé bien por qué ni de qué, pero tengo miedo. ¿Será posible? Tengo miedo.

Domingo, 18 de septiembre

Durante todos estos días me han ocurrido cosas buenas, la mejor es que las pruebas han resultado satisfactorias y los del seguro parece que se han quedado conformes. Aún así, he estado tan metido en orientarme y orientar el programa otra vez, que no he tenido tiempo para reanudar estas notas por la noche. Ha sido esta tarde, cuando se ha incorporado Bustillo y he sentido otra vez el ambiente de normalidad.

El Atleti ha ganado su primer partido en la liga y los árbitros ya han comenzado su procesión de estupideces. Ayer, García Redondo dio la nota en el Español-Barcelona y hoy Daudén Ibáñez la ha dado en el Albacete-Real Madrid.

Martes, 27 de septiembre

Soy un desastre, un dejado, pero tengo coartada. Nos hemos cambiado de casa y he trabajado como un esclavo. Parece mentira la cantidad de cosas que se guardan en una casa y que olvidas o abandonas en cualquier armario, en cualquier cajón... y luego aparecen y te inundan la memoria de recuerdos y añoranzas.

También es cierto que mi moral ha estado bastante tocada y no eran muchas las ganas que me quedaban a estas horas de la madrugada para justificar el día. Debe de ser cierto aquello de que cuando se inventaron las excusas se acabaron los errores.

Cuando acabó el programa, recogiendo los cascos, las gafas, los papeles, el bolígrafo... se me acerca un tío de pelo largo, que calza zapatillas de deporte y viste chándal azul. El tipo me dice que quiere hablar conmigo de un tema muy particular. Me le quedo mirando sorprendido y me suelta a bocajarro:

—Soy la solución del Atleti, si me dan una oportunidad, yo salvo al Atleti.

—Pero, ¿cómo? —le digo—.

—Yo juego en el centro del campo y corro como nadie y...

Y me suelta una retahíla de aventuras en el trayecto del estudio a la redacción y en el ascensor, y en la calle. No para. Logro tranquilizarle y le digo que me lo cuente mañana o el jueves, que hoy tengo prisa.

Ha quedado en venir a contármelo.

O C T U B R E

Lunes, 3 de octubre

Hablo con Feini, la mujer de Juanito. Está muy dolida. Mañana es el homenaje a Juanito.

—No voy a ir al palco, José Ramón. Todo esto es una farsa.

—Pero, ¿por qué? —le digo—.

—¿Por qué? ¿Me preguntas tú eso? ¿Quieres creer que aún no me han enviado las invitaciones? Quieres creer que yo, que soy la viuda... ¡Yo era la mujer de Juan!, yo fui la que asumió sus deudas. ¡Yo, José Ramón!, y no me han tenido en cuenta en el reparto económico. Sólo han metido a mi hijo Borja. Pero eso me da igual. Lo que me duele es que Mendoza no se ha dignado recibirme. Tuve que solicitarlo a través de un conducto notarial... ¡Esto es una farsa! Y Juan no lo habría aceptado.

—Feini, tranquilízate un poco, reflexiona, y luego, antes del programa, hablamos. ¿Te parece?

Está muy nerviosa, pero termina por aceptar.

Fernando Garrido se va a Leganés. En Parquesur vive la primera mujer de Juan. Quiero hablar con ella en el programa y no pone ningún problema.

Azuara continúa investigando lo que ganan los presidentes de las federaciones españolas. En la de fútbol se niegan a contestar y no revelan datos de lo que cobra Villar.

A las once llamo a Feini. Está más tranquila.

—No quiero hablar, José Ramón. Es mejor así.

—Como tú quieras.

—Ya te he dicho que todo es una farsa y no quiero colaborar en ello.

—Yo creo que mañana deberías ir al homenaje de tu marido.

—Pues yo pienso que no. Y como no quiero participar en esa farsa a la que mi marido se habría opuesto, no iré. Eso sí, no quiero armar escándalos y por eso prefiero no hablar esta noche.

—Como quieras.

Me deja preocupado. Llamo a Mendoza.

—Tendrás que llamarme pronto, estoy molido —me dice—.

—Sólo unos minutos al principio. Quiero que hablemos unas cosas del homenaje a Juanito.

—Y supongo que me preguntarás también por los avales.

—Supone usted bien.

—Vale chaval. Pero llámame pronto...

Mendoza niega en el programa que Feini no haya sido invitada al palco y prefiere no entrar en las divergencias familiares que puede tener la familia de Juanito.

Le había pedido al Lobo que escribiese algo sobre Juan. Me lo ha traído escrito a mano y lleno de tachones, pero no me lo ha querido dejar leer. Dice que da mala suerte.

Después de entrevistar a Mendoza y a Mari Carmen, la primera mujer de Juanito, le he pedido al Lobo que leyera la hoja que traía escrita. Ha comenzado a leer un poco nervioso. Yo he puesto por debajo la música de Roy Peterson en aquella canción que tituló *Dile a Laura que la quiero.* Carrasco iba leyendo y tranquilizándose, pero a medida que se tranquilizaba, sentía más profundamente lo que decía... Cuando finalizó, estaba llorando. He mandado subir la música y le he dado una palmadita. En realidad sentía ganas de abrazarle, pero había mucha gente en el estudio... y también se me saltaban las lágrimas.

Camino del aparcamiento me ha preguntado:

—¿Te ha pasado alguna vez?

—Sí, más de una y espero que me siga pasando. Quiero conservar el corazón, aunque me falle el cerebro.

Miércoles, 5 de octubre

El Azuara viene como una moto. García le ha presentado una demanda en la que también me incluye a mí, por unas preguntas que hizo ante el micrófono el viernes, 9 de septiembre.

—Pero ese viernes yo no estaba —le digo—.

—Es igual. Mira —y me muestra el tocho de papeles—, aquí dice que estabas tú.

—Se han confundido.

—Ya lo sé, pero fíjate lo enterados que están. ¿Quién le hará a este tío las demandas?

De la FEF contestan mediante un fax que nuestra solicitud para conocer los emolumentos que cobra Villar ha sido denegada y no van a facilitarnos ningún dato.

Lunes, 10 de octubre

Alfonso Azuara ha revelado toda una serie de datos que dejan muy en duda la cacareada "honestidad de Villar" como presidente de la FEF Son datos de la auditoría que dejan claras las dificultades que esa Federación pone a cualquiera que pretenda conocer los datos sobre sus temas económicos. Los datos son concluyentes: 675 millones que no han sabido justificar en qué se han gastado. No aportan los justificantes de pago.

Anteriormente, he cenado con Valdano. Le encuentro en el restaurante donde habíamos quedado citados escribiendo notas sobre un papel lleno de apuntes. Está emocionado por la recuperación psicológica de Martín Vázquez y por la resignación espartana con que Butragueño lleva el banquillo. Tiene dudas sobre la actitud de los arbitrajes con el Real Madrid. Me he quedado con una frase:

—Este equipo —dice—, cuando yo me fui, era un equipo que se encontraba todos los años con seis puntos que caían a favor por errores arbitrales. Sin embargo, ahora me encuentro con que es un equipo al que los árbitros le quitan esos seis puntos cada temporada y eso me preocupa; quiero averiguar el porqué. Fíjate, este año, en Tenerife, en uno de los últimos partidos de liga, un árbitro me llamó y me dijo: "¿Arreglaste ya con el Real Madrid?", a lo que yo contesté que sí, que ya había llegado a un acuerdo para entrenar al Madrid este año. Y el tipo me dijo: "Pues ten cuidado; van a por vosotros y lo pasaréis mal con los árbitros. Tenemos demasiada presión cuando arbitramos al Madrid..."

Martes, 11 de octubre

A media mañana me llama Alfonso Azuara:

—Tengo algo curioso.

—¿Qué es?

—No lo comentes con nadie. ¿Sabes que el alquiler del piso que la Federación paga a Villar, es del propio Villar?

—¿Qué dices?

—Sí, lo estoy comprobando en el registro. Se lo vendió Gil. Lo escrituraron en veinticinco millones, pero vale más de cuarenta. No lo comentes con nadie. A las cinco de la tarde estoy ahí.

A las cinco se ha presentado con las escrituras del piso a nombre de Villar y su mujer. Lo hemos leído con detenimiento. Azuara parece bien enterado de todo y está eufórico.

A las 8.30 la Federación daba una rueda de prensa en Macedonia para tratar de tapar todos esos datos que dimos anoche. Llamo a Lama y le cuento lo del piso.

—Pregúntales si este mes han pagado el alquiler del piso.

—¿Por qué? ¡Claro que lo han pagado!

—Tú pregúntaselo. Estoy seguro de que cuando contemos lo del piso van a decir que ya no pagan el alquiler.

A la media hora, Lama me vuelve a llamar. Se le nota acelerado. Se ve que lo están pasando mal allí, con toda la movida.

—Oye Joserra, que sí, que este mes también le han pagado el alquiler.

—Perfecto. Ahora contaremos que el piso es de Villar...

Y lo hemos contado.

Miércoles, 12 de octubre

Te da pena ver cómo las personas se arrastran según quien las zarandee. He oído la cinta de Cuervas anoche, en el programa de García, y es nauseabundo.

Bustillo habla con Gil y me lo pone al teléfono.

—Oye, esta vez lleváis toda la razón. Es impresentable el presidente que tenemos y encima me quieren abrir expediente por lo que dije a los árbitros.

—Sí, pero luego te llama el Butano y te acojonas...

—Que no, José Ramón, que estás equivocado. Mira, esta tarde me ha llamado y le he dicho lo que te estoy diciendo a ti ahora. Ese hombre no puede ser presidente del fútbol español. Y quieren cargarse a Cortés Elvira.

—Ven mañana al programa y me lo cuentas.

—¡Claro que voy!

—Pero si me vas a decir lo que me estás contando. Para no decirme nada no me vale.

—Claro que lo digo. Yo siempre hablo claro.

—Siempre no —le contesto—.

—¡Siempre!

—Ven mañana y me lo cuentas.

Y en ésas hemos quedado.

Hablo con mi contacto, le digo que pronto vamos a tener más datos y le tiro una de farol.

—Tengo algo más gordo que todo lo que me has dado.

—Me imagino lo que es —contesta—.

—No creo; son cosas muy fuertes.

—Es lo de Gerardo, ¿a que sí?

—Sí, pero me faltan datos —le contesto—.

—Ya hablaremos, ¿vale?

—Vale.

¿Qué será lo de Gerardo? Mañana, en cuanto llegue Azuara de Asturias le pongo a husmear ahí.

Jueves, 13 de octubre

Estoy cansadísimo. Son las tres de la mañana y me zarandea la depre. El día ha sido duro y pesado. Butano ha comenzado una defensa de Villar, en plan salvaje, empleando todas sus baterías. Ha bombardeado desde el informativo de Antena 3 en la sección de deportes. En Radio Nacional, Gonzalo también apoyaba a Villar, descalificando a quienes "acusan sin pruebas". Y luego han sacado una nota a través de la Agencia EFE desmintiendo todo y *llorando* el acoso que sufren por parte de ciertos profesionales.

Había una cena que organizaba la Fundación de la Liga de Fútbol Profesional en la que han coincidido Villar y Cortés Elvira. Se han evitado, me cuenta Alcalá.

Esta tarde hablo con Eduardo Blanco, el director general de Deportes, para confirmar su presencia en *El Larguero.*

—Es que, en el fondo, esto es una guerra de medios —me dice—.

Y eso me ha puesto de los nervios.

—¿Pero cómo puedes decir eso?

—Claro, Joserra... Es una lucha de medios y...

—¿Pero qué dices? —le he chillado—. Tú eres un acojonado. Cuando el Butano da la auditoría del Madrid tú no dices que sea una guerra de medios.

Me da pena todo esto y se me quitan las ganas de todo. Menos mal que ya es viernes.

Lunes, 17 de octubre

El viernes por la tarde recibí una llamada extraña. Un chico de 24 años me dice que es hijo de un empleado de la FEF al que le han sugerido una jubilación adelantada muy ventajosa a cambio de decir que él es quien me filtra a mí la auditoría. El chaval hablaba con mucha firmeza, demasiado tranquilo. No me gustaba mucho. Le dije que viniese a contármelo a la radio y quedamos para el domingo a las seis de la tarde. Aún le estoy esperando.

Hoy, el día ha sido también duro. Ha venido a verme esta mañana el director general de Deportes de la Comunidad de Madrid, Alfonso Arroyo.

—Pero, ¿quién te filtra a ti la auditoría? —me pregunta—.

—Te lo digo a ti o lo cuento en el telediario —le contesto—.

—Es que a Cortés Elvira lo tienes jodido, porque piensan que ha sido él y él tiene el Consejo patas arriba buscando quién te lo ha soltado todo.

Me hace gracia, porque esta tarde me ha llamado Cortés Elvira. Está preocupado. Debe de estar recibiendo muchas presiones.

A mediodía he comido con Enrique Martín, jefe de prensa del Real Madrid.

Se está pensando dejar el club y volver a ser periodista. Sospecha que Mendoza puede convocar elecciones el próximo lunes y presentarse a ellas.

Encima de la mesa me encuentro un resumen de prensa y radio en el que leo cómo Antonio y Luis Herrero nos insultan por el asunto de Villar. No me extraña. Supongo que García les habrá metido espuela para que lo hagan. El Antonio Herrero me produce náuseas, con ese tono gangoso que quiero recordar de televisión, porque en radio creo no haberle escuchado nunca. El otro, Luis, es un hijo de papá. Su padre fue ministro con Franco y él comenzó de director en un periódico de Castellón que publicaba una foto de unos almendros en flor bajo el título "Los almendros florecen"... Y eso, ¡la víspera del 23 de febrero de 1981!

Esta noche escribo antes del programa. Me relaja. Faltan quince minutos. Desde la redacción me llegan las risas de Bustillo, Lala, Ángel, Linares y Lama que están viendo los chistes del Chiquito de la Calzada en Antena 3 TV. ¡Cómo envidio esa tranquilidad!

Martes, 18 de octubre

Las cuatro de la mañana. He dejado a Azuara y Damián en el VIPS de Gran Vía. Hoy he sentido el calor de la amistad y la comprensión al finalizar el día.

A media tarde ha bajado el director general y me ha pedido que lo acompañe a tomar un café. Conozco a Augusto Delkáder. He leído la preocupación y el dolor en sus ojos. Esa mirada me resultaba conocida. En el ascensor, haciendo memoria, he recordado esa fecha y esa mirada. Fue en septiembre de 1990, cuando me echaron del programa. Me he dado cuenta de que algo pasaba.

—Joserra, te has equivocado en algunas cosas.

Yo le escuchaba y sufría viéndole pasarlo mal. Casi quería que soltase pronto la sentencia. Él hacía pausas largas, como si le costara tragarse el amargor del momento.

—No debiste nombrar a los padres de esos dos (Antonio y Luis Herrero), están muertos. No es elegante. Vamos a sacar una nota pidiendo disculpas y reprobándote eso. Sé que te va a doler pero necesito que lo comprendas.

—Está comprendido.

Me he encerrado en el despacho y en mí mismo. A las ocho ha debido de salir la nota por la Agencia EFE. Lo he deducido por el alboroto que llegaba de la redacción. Esperaba que se abriese la puerta y entrasen con el teletipo en la mano todos ellos: Bustillo, Lala, Antonio..., pero no. Se ve que Bustillo les ha debido decir que yo ya lo sabía. Ha entrado Azuara con gesto grave y me ha dejado el teletipo encima de la mesa, como si me dejase una factura de la luz.

Me han dicho que no hace falta que la lea yo.

—Incluso no la leas si quieres... O que lo diga Bustillo.

—No. Quiero leerla yo —les he contestado—.

La cadena SER reprueba mis comentarios sobre Antonio Herrero y Luis Herrero, “porque las normas de esta empresa exigen a sus profesionales un comportamiento basado en el respeto a la verdad, al honor y a la intimidad de las personas”.

Mañana, *Diario 16* saca un editorial recriminando estas peleas en la profesión. La agencia Europa Press también ha sacado otra nota pidiendo paz y concordia entre los profesionales de la radio.

¡Dios mío! ¡Lo piden ahora! Después de escuchar durante veinte años seguidos los insultos de García todas las noches a quien mejor y más le convenía...

¡Qué asco!

Miércoles, 19 de octubre

El día ha estado sembrado de llamadas de amigos y oyentes preocupados. Hay quien pensaba que de nuevo me ponían fuera del micrófono. Veo a Azuara muy nervioso y preocupado. Yo siento un vacío de desencanto en el estómago que me tiene muy incómodo esta noche. Me han dicho en casa que Antonio Herrero me ha estado llamando: querrá insultarte, me dicen.

¡Dios! ¡Hoy era el cumpleaños de mi madre! Ni me he acordado. Comienzo a tener la sensación de que he cambiado mucho, y posiblemente estas altas velocidades y estas sacudidas hacen que se me vayan cayendo cosas importantes del alma...

Y no me doy cuenta hasta que las necesito y las echo de menos.

Miércoles, 26 de octubre

Me dan moral las cartas que llegan. Recuerdo los primeros días del programa cuando llegaban dos o tres cartas diarias y tenías la sensación de que alguien estaba al otro lado del micrófono y que te contestaban. Ahora llegan bastantes y eso me hace creer que estoy menos solo de lo que creo algunas veces.

Le he puesto a Azuara sobre la pista de una sociedad limitada, a nombre de la cual cobraría Clemente una gran parte de su contrato de la Federación.

—¡Pero eso lo prohíbe la propia Federación! —me contesta Azuara—.

—Tú busca esa sociedad y ya hablaremos

A última hora de la noche llega Pedro Delgado.

—Tenemos que hablar, Joserra.

Me cuenta que tiene una oferta de Kelme para ser una especie de relaciones públicas, que le prohibiría estar conmigo en la radio, pero sin embargo, le dejarían hacer un programa en televisión.

—¿Qué te parece?

—Parece todo muy bonito. Pero, ¿por qué Kelme no quiere que estés en la cadena SER?

—No quieren que haga nada en la radio.

—Los Quílez, dueños de Kelme, sabes que son íntimos amigos del Butano.

—Ya lo sé.

—¿Y qué te parece?

—Les he preguntado y dicen que no tiene nada que ver con esto.

Hemos quedado en hablar más adelante.

NOVIEMBRE

Jueves, 3 de noviembre

Me ha ocurrido una cosa extraña, aunque no es la primera que me pasa de ese estilo. A eso de las siete de la tarde ha sonado el teléfono. Lo coge Bustillo:

—Es un tal Pepe Martín.

Supongo que es un amigo mío, ex directivo del Atlético de Madrid, y digo que me lo pasen.

—Señor De la Morena —me preguntan por el otro lado del auricular, y comprendo que no es mi amigo Pepe—.

—¿Quién es usted?

—Pepe Martín, llámeme así. Estoy leyendo unas declaraciones suyas en *La Vanguardia* y dice que pretende desenmascarar al García.

—¿Y qué quiere usted?

—Yo puedo hacerlo mejor que nadie.

—No me diga.

—Tómeselo a broma, pero yo he sido su contable.

—¿Y qué?

—Tengo cosas muy fuertes... pero quiero dinero. Estoy arruinado y necesito dinero. Sería una cantidad importante, pero lo que yo le daría también es importante. Eso sí, también quiero un seguro de vida.

—¿Y eso?

—Mire, no sé si me está tomando en serio, pero a mí me han puesto una pistola en la cabeza. Sé demasiado.

—¿De qué?

—De muchas cosas. García, la Olimpiada, el COOB 92... Muchas cosas. Pero quiero 15 millones como mínimo y el seguro de vida para mi familia.

—Déme su número de teléfono.

—Oiga, se lo voy a dar. Es el de mi casa, el particular, pero no me haga una putada. Ya lo intentó Ruiz Mateos y le salió mal. Hágame caso: sé muchas cosas.

Me ha dejado extrañado. Me parece que estoy metido en un bosque al que nunca pretendí llegar, pero tendré que salir y encontrar la salida.

Miércoles, 9 de noviembre

Hemos venido a hacer el programa a Barcelona. Es la semana de la radio y celebran no sé qué aniversario y aquí hemos caído todos. El programa lo hemos hecho en un auditorio precioso que estaba atestado de gente.

A las 5.30 de la tarde se ha presentado en el hotel el tal Pepe Martín. Venía con otro individuo y les he dejado hablando con Azuara y Gallego. A mí me estaban esperando en Radio Barcelona.

Una hora después Gallego regresaba a la radio:

—Nada, nada nuevo. Nada que no sepamos.

Poco después llegaba Azuara:

—Lo de siempre... más unas escrituras que no sirven más que para liar más la madeja. Y luego, temas personales. No le des ni bola.

Me han venido a hacer una entrevista los de *El Periódico de Cataluña*, mi amigo Sergi, y luego unos de *El Correo de Andalucía* y los del *Sport*.

Me siento extraño entre estos empujones hacia el estrado de los importantes, sabiendo que no lo soy, pero me siento como si me empujaran a la fuerza a ese estrado. Es una sensación extraña que al tiempo me gusta y al tiempo aborrezco.

Todo eso me ha tenido descentrado en el programa. He visto a Camacho muy a la defensiva. Rexach, bien, zorro como siempre. Angoy, el yerno de Cruyff, es un tipo fantástico; me parece buena gente y muy legal. Le he agradecido de veras su presencia en el programa.

Lama, Paquito, el Lobo, Bustillo, Manolete... todos se han ido a tomar una copa por Barcelona.. Yo me he venido al hotel. Estoy cansado. Mañana tengo que ir a dar una charla a la Universidad Autónoma, en el Aula Magna de la Facultad de Periodismo. Me ilusiona, pero al mismo tiempo me responsabiliza y me carga de culpabilidad y privilegio. ¿Qué les digo? ¿Que todo está muy mal? ¿Que si no tienen un golpe de suerte, como lo tuve yo, es fácil que nunca tengan siquiera una oportunidad? ¿Qué les digo?...

Al final, supongo que me pedirán el número del espectáculo más popular, el Butano, Clemente... Lo de siempre.

Estoy muy cansado y encima tengo hambre. No he podido cenar.

D I C I E M B R E

Lunes, 5 de diciembre

No creí que hiciese tanto tiempo que no me dejaba caer por estas hojas.

Ha pasado casi un mes. Lo cierto es que físicamente he andado mal, muy mal. He llegado a sentir hasta miedo por la inseguridad de estar en medio de la guerra y caer enfermo. Primero fueron unos dolores terribles de cuello, luego de cabeza y, al final, todo junto se ha hecho insoportable. Hoy, esta tarde, he comenzado a levantar cabeza.

Estamos en pleno proceso electoral a la presidencia del Real Madrid y eso hace que haya *entretenimiento* todos los días.

Hoy han operado a Míchel de la rodilla, lesión que le va a dejar parado hasta que finalice la temporada.

En *Tiempo* publican una entrevista con García y conmigo que me deja un poco descolocado. Me empieza a ruborizar todo eso que llaman "la guerra de las ondas". Me avergüenzo un poco de mí mismo. Me intento anestesiar la conciencia diciéndome que yo no di primero, pero no es esto lo que soñé hacer en periodismo.

Había demasiada gente esta noche en el estudio. Sin embargo, el silencio y el respeto es admirable. Me cuentan que a las diez de la noche ya había colas abajo.

Ha venido a verme Miguel Ángel, un viejo amigo que trabajaba en la SER en servicios especiales, pertenecía al servicio de orden en los musicales y en actos multitudinarios de la radio.

Hacía años que no le veía. Ha venido con su niñito, de unos ocho años.

—Me han dicho que tienes problemas —me dice apenas saludarme.

—¿Yo? ¿De qué?

—Sí, tú lo sabes.

—¿Problemas? ¿De qué?

—Con algún tipo de gente.

—¡Ah! ¡Pero eso no son problemas!

—Si necesitas ayuda, dímelo.

—Claro, claro —le sonrío—.

—Pero, dímelo. Si hay que arrancar la cabeza a alguno se la arranco. Por ti hago eso y más.

Me lo ha dicho con los ojos fijos en los míos y luego bajándolos al suelo, mientras acariciaba el pelo de su hijo. Yo me he quedado tibio. ¡Dios! ¡A dónde estamos llegando!

Martes, 6 de diciembre

Jornada europea de fútbol. Han eliminado al Madrid con un gol que han marcado los daneses del Odense en el tiempo de descuento. La redacción ha estallado en golpes de rabia por Jorge Valdano. Después ha caído el Athletic en Parma y el Depor en Dortmund. El día ha sido aciago.

Llamo a Valdano para quedar con él en el programa. Su voz me llega débil y apesadumbrada

—Está bien, está bien. Espero en casa...

Le noto lacónico y muy desmoralizado. Oigo a Paco González hablar con Lorenzo Sanz. El vicepresidente del Real Madrid se queja de que Mendoza se ha ido a Córdoba y a él le han dejado solo en la oficina electoral.

—Es mi amigo —dice Lorenzo Sanz—, pero, ¡joder!, pienso hablar con él cuando venga... Y os digo una cosa: La candidatura de Florentino Pérez es la candidatura del Butano. Fijaos: el Abelló, accionista de la COPE, el Pedro Antonio Martín Marín fue secretario general de la COPE y es íntimo amigo del Butano y Luis Martínez Laforgue, ¿qué os voy a decir?

Miércoles, 7 de diciembre

Las vísperas de fiesta el estudio se pone a reventar de gente. Hoy saca un reportaje *La Información de Madrid* sobre la movida que se monta alrededor del programa. Yo lo llevo bien, se lo agradezco a la gente. Aunque, a veces, me siento extraño y excesivamente vigilado.

El Barça ha logrado clasificarse para cuartos de final de la Liga Europea. ¡Qué partidazo del Busquets! Me cae fenomenal el tipo este. Tiene un sentido del humor acojonante y encaja las críticas con una humildad que es un ejemplo.

Al menos a mí me lo parece así desde Madrid. Y cuidado que le han hostigado, y cuidado que le hemos vacilado, pero el tío aguanta y se está consagrando como un gran portero. Yo creo que puede conseguirlo. Me alegraría.

Al Madrid le han metido dos millones de multa los de la Comisión Antiviolencia por el muñeco que zarandearon el otro día en el Bernabéu los ultras. Hay una carga de postura cínica y farisea en esa sanción, que me dan ganas de vomitar en ella. Entretanto, anoche, Supergarcía dice que si él es jugador del Real Madrid "cuelgo a Valdano". Nadie dirá nada y la Comisión Antiviolencia y el Colegio de Entrenadores mirarán para otro sitio.

Jueves, 8 de diciembre

Estos días de fiesta son durísimos para hacer el programa. No hay nada. No encuentras a nadie. Las redacciones ahuecan a la gente y terminas pillándote el cabreo de la desesperación y de la impotencia. Al final arrancas, pero arrancas con un cabreo que te ha quemado medio depósito de sangre.

De todas maneras, me gustan estos días vacíos de noticias que te obligan a sacar punta a la imaginación para hacer el programa. Es como si a todos los periodistas de la radio nos dijeran: ahí tienes ese lienzo en blanco, pinta lo que quieras. Y todos, con los mismos pinceles y las mismas acuarelas, hiciésemos cada uno un cuadro.

Me ha llamado Emilio Aragón. Creo que es el segundo recado suyo que veía traspapelado sobre la mesa. Bustillo casi me obliga a llamarle. Es un teléfono portátil y su voz me llega lejana, pero cálida y cordial.

—Joserra, quería verme contigo.

—Muy bien.

—Tengo un proyecto de televisión que podría encajar perfecto para ti.

—¿Tú crees? Yo no he hecho televisión...

—Ya, pero esto te va a gustar. ¿Podríamos vernos mañana?

—Mañana viernes, no. ¿El lunes te va bien?

—De acuerdo. El lunes en mi oficina. Así la conoces.

—Vale.

¡Joder! Esto ha sido el final del día antes de comenzar un *Larguero* que ha terminado otra vez con este puto dolor de cabeza.

Lunes, 12 de diciembre

¡Qué productora tiene montada el Emilio Aragón! ¡Acojonante! Sitio tranquilo de Madrid, gente joven, buen ambiente, buenos despachos, pocos ruidos... ¡Impresionante! Llego 15 minutos tarde por culpa de un atasco en la Castellana. Me recibe en pantalón vaquero y con una corbata perfectamente anudada en una camisa impecable, que no se remanga, mientras gesticula con los brazos abiertos para que me ponga cómodo, mientras me presenta a su equipo de trabajo...

¡Son oyentes de *El Larguero!* ¡Dios! —pienso para mí—. ¡Va a ser verdad que eso lo escucha la gente!

El proyecto es precioso. Lo han sacado de un programa de la televisión norteamericana. Me lo van explicando mientras lo visionamos en un video en la sala de juntas, donde pega un sol de verano en pleno mes de diciembre. El presentador es un tipo ágil que se mueve entre los invitados y los *gags*, que son continuos. Abre el programa con un monólogo corto, pero satírico, sobre la actualidad diversa del día. Tiene a un tipo junto a un piano que le sirve como apoyo en sus chistes y lee alguna carta, que Emilio me advierte que son preparadas. Luego va pasando a distintas secuencias de juegos con niños, entrevistas, actuaciones...

Me está gustando, pienso para mí, pero no debes ilusionarte. Mantente frío. Escucha. Piensa.

Me dejan el guión y me piden una respuesta lo más rápido que pueda. La verdad es que me han caído de cine. El ambiente me ha enamorado. Lo que no veo es el horario: las doce de la noche. Sería grabado, pero me haría la competencia a mí mismo en la radio... y todos los días, hasta junio. ¡Uf!, no sé yo.

Sería bueno para Bustillo, Antonio y alguno más de la radio, que podría incorporar y ganarían un dinero, pero lo veo complicado. *El Larguero* me necesita y yo necesito *El Larguero.* Tengo que pensarlo y pronto. A Bustillo le veo ilusionado, pero noto que duda.

¡Lástima! No me ha dado tiempo a ir a la presentación del libro sobre Valdano.

Martes, 13 de diciembre

He decidido no hacer el programa de televisión. Lo he hecho escribiéndole una carta a Emilio Aragón. Ha sido una carta que me ha salido del alma, con dolor, como esa tos incómoda que se te agarra al pecho acabando de toser cuando la has firmado.

Comiendo en mi casa con Javier Ares, llama Gallego desde Oviedo:

—Joserra, Clemente se ha vuelto loco. Le ha dado la ventolera y no veas qué cantidad de estupideces ha dicho.

—¿Sobre qué?

—Sobre nosotros, el programa, Valdano, Carrasco...

—¿Carrasco también?

—También y dice que va a hablar de tu vida privada.

—¡Qué miedo! —cuelgo divertido—.

Camino de la radio, oigo el programa de Pacojó a las 3.10 y escucho las declaraciones de Clemente en su tono habitual. Paso un rato de risa porque le noto cabreado, como si alguien le hubiera picado. ¡Ya sé como debo tratarlo esta noche! Pondré la música de *El Pájaro loco.*

Y así lo he hecho. Nos hemos reído. Lo he pasado bien.

Jueves, 15 de diciembre

Oliveros me propone irse a París con Stoikov, que va a recibir el balón de oro. Me parece bien.

—Hay un problema —me apunta Oliveros, con cierta debilidad en la voz—.

—¿Cuál es?

—Stoikov igual no habla para nosotros. Quiere que le paguemos los dos millones de pesetas del mundial.

—Oliveros, te dije que nos estafaría. ¡Te lo advertí!

Un mes antes del Mundial, Oliveros propone contratar a Stoikov como comentarista de la cadena SER.

—Me parece bien, pero no me lo creo —le dije—.

—Joserra, firmamos un contrato con él.

—Firmarlo si queréis, pero yo no me lo creo.

Firmaron el contrato. Stoikov debería entrar todos los días en directo en el *Carrusel* y en *El Larguero* y no haría declaraciones, fuera de las ruedas de prensa, a ninguna emisora en España, salvo compromisos especiales y siempre pidiendo autorización a la cadena SER.

Stoikov no cumplió el contrato ni por aproximación. No entró en directo ni un solo día. Tuvimos que grabarle una entrevista para la que tuvo que viajar Oliveros hasta el hotel en el que estaban concentrados. Entró en el programa de Supergarcía en la COPE y cuando eliminaron a Bulgaria no se incorporó al equipo de la SER, sino que se fue de vacaciones. Y ahora me viene diciendo que le demos dos millones de pesetas....

Le suelto todo este argumento a Oliveros y le culpo a él del *timo* por su obsesión de llevarse bien con Stoikov. A modo de despedida, le grito:

—La cadena SER hará lo que quiera, pero si me preguntan yo les diré que es un timo y que no deben pagar nada.

Oliveros argumenta que él tiene que sufrirle en Barcelona y que, cada vez que se lo encuentra, le suelta lo de los dos millones.

—¡Enséñale el contrato, coño! —le chillo fuera de mí—.

Para colmo, me dice que el Stoikov se ha comprometido en hablar con García el lunes y después hablará con nosotros si le pagamos los dos millones.

Entre la rabia y la comicidad que me produce la situación, cuelgo a Oliveros.

Le noto aplastadete a Oliveros durante el programa, quizá me he pasado con él, pero es que no se me van de la cabeza mis advertencias antes de que contratara al Stoikov.

Lunes, 19 de diciembre

A las seis de la tarde Oliveros me pone al teléfono a Minguella, representante de Stoikov.

—Yo creo que debemos entendernos —me dice Minguella—.

—¿Cómo? —le pregunto yo—.

—Pues, hombre, con una prueba de buena voluntad por las dos partes.

—Y la nuestra sería pagarle dos millones por un contrato que él no cumplió en nada, ¿verdad?

—Pero vosotros tampoco lo habéis denunciado...

—Tampoco vosotros habíais venido a cobrar.

—Joserra, podemos y debemos entendernos.

—¿Qué gana la SER si le paga esos dos millones?

—El chico os puede compensar de otra manera.

—No me digas. ¿Nos dedicará un gol? ¿Un autógrafo?...

—Así no conseguiremos nada, Joserra. Si te pones en plan de cachondeo, no adelantamos nada.

Al final, Stoikov ha estado con Supergarcía en la COPE y después nos ha atendido a nosotros.

Esta noche me entero de que le hemos pagado dos millones de pesetas.

Martes, 20 de diciembre

He comido con Florentino Pérez, candidato a la presidencia del Real Madrid. Está muy preocupado porque los socios del Madrid pueden relacionarle con García.

—Los papelitos que tiraron los ultrasur en el Bernabéu han calado en mucha gente.

—¿Tú crees? —le pregunto—.

—¡Claro! Tú no sabes cómo viene la gente a preguntarme eso y yo te juro que no tengo nada que ver con García...

Yo debo de poner cara de asombro, porque él prosigue:

—Pero si le conocemos todos... Ya sabes cómo es García. Si caes en sus manos, te manipula y te estruja para luego tirarte al cubo de la basura.

—Pero en tu candidatura va Juan Abelló, accionista de la COPE.

—Yo no lo sabía. Se lo he preguntado ahora y me ha dicho que él no es consejero de la COPE como han dicho. Sólo tiene un paquete de acciones.

—Ochocientos millones, me han dicho.

—No lo sé; no sabría decirte.

—¿Es verdad que quieres tentar a Lorenzo Sanz para que deje a Mendoza?

—Lorenzo Sanz es madridista y eso lo sé. Lo que no sé es si es trigo limpio, pero, en cualquier caso, me puede valer. Si hablas con él, díselo. Dile que conmigo tiene las puertas abiertas, si quiere.

—¿Y el gerente?

—El gerente saldría antes que yo entrara. Eso lo tengo claro.

—¿Y eso?

—Tiene demasiado poder en el Real Madrid. Es el que maneja todo el dinero del club y en un club no debe haber dinero negro...

—Lo hay en todos —le apunto—.

—Pero se va a acabar, ya lo verás.

—¿Y Valdano?

—A mí me gusta. Puede ser un gran entrenador.

—Pero en tu lista está Amancio, y le odia.

—¡Qué va! No es cierto. El otro día, en una reunión de peñas, alguien le preguntó a Amancio por Valdano y Amancio contestó que es el mejor entrenador que puede tener ahora el club. "Se equivocó conmigo, dijo Amancio, pero todos cometemos errores, y yo también. Una vez me fui del campo contra el Coruña, tal y como hizo Míchel hace unos años. Todos cometemos errores..."

Vamos dando un paseo por la Gran Vía hacia la radio. Observo que sus guardaespaldas no nos siguen, o yo estoy perdiendo facultades. Se despide cariñoso.

—A ver si podemos quedar a comer con Delkáder, ¿vale?

—Yo se lo diré.

Había querido mantener la comida con Florentino en un cierto ambiente de discreción, pero por la tarde una de las llamadas ya estaba al corriente.

—¿Qué te ha parecido? —me pregunta con ironía—.

—Buen tipo; un hombre válido.

—Es el candidato de García; han hablado varias veces.

—Puede ser...

—No te fíes. La próxima vez pregúntale qué pasó con todo el dinero que pusieron los bancos para crear el Partido Reformista.

—Lo haré.

—Por cierto, Cortés Elvira ha pactado con García. Para que lo sepas...

—Sé que han hablado.

—Ya no le dará palos todos los días, sólo en contadas ocasiones. A cambio estará callado sobre Clemente y la Federación.

El mejor recuerdo del día ha estado en el CEU. Me había propuesto el profesor Sinova tener una charla con los estudiantes de periodismo. Me siento ridículo en la mesa del profesor. Ridículo, pero privilegiado por haber tenido tanta suerte. Intento contarles todo lo que yo he pasado hasta llegar aquí. Lo hago de la forma más cruda, natural y auténtica que soy capaz, reconociéndome una gran dosis de suerte y una gran capacidad de lucha y de sacrificio, sólo eso.

Al final, firmando autógrafos, me he vuelto a sentir ridículo recordando las clases del profesor Sinova: "El periodista nunca debe sentirse protagonista".

Miércoles, 21 de diciembre

Han salido los datos de audiencia del EGM ¡Hemos pasado el millón de oyentes! García sigue el primero con 1.209.000 oyentes, y nosotros alcanzamos ya 1.128.000. Había ambiente de euforia en la radio porque la SER ha conseguido otra vez ponerse a la cabeza como la radio más escuchada.

Me siento incómodo cuando por los pasillos me dan la enhorabuena. No sé qué decir. Vamos bien, pero seguimos siendo segundos y García primero. Tampoco hay mucho de lo que presumir. Pero me gusta el ambientillo de euforia... ¡Un millón de oyentes!

Mis hijas me han preguntado qué es eso de la audiencia. Les he dicho que son las notas que nos ponen a nosotros.

—Y ¿has aprobado?

—Creo que sí.

—¿Eres el primero?

—No.

—Entonces, ¿por qué nos pides a nosotras que seamos las primeras en clase?

Después les he explicado un poco qué es la audiencia y por qué es importante en la radio. Me han dicho que sí, que lo entendían, pero no estoy seguro de que haya sido así.

Sábado, 24 de diciembre

Termino de escuchar el nuevo disco de Serrat. Junto al equipo de música veo un papel escrito con la letra pequeñita de Lucía. Leo: “Papá te ha llamado Rafael Cortés”. Llamo a Lucía.

—¿Cuándo me ha llamado Rafael Cortés Elvira?

—Hace un rato.

—¿Porqué no me avisaste?

—Estabas con Ruth bañando a la perra.

—¿Qué le dijiste?

—Pues eso, que estabas bañando a la perra y que no te podías poner.

La sinceridad indiscreta de mis hijas es algo que tengo que perdonar con cierta frecuencia.

Disfruto de nuevo a Serrat y suena el teléfono.

—Joserra, soy Rafael Cortés.

Me quedo un poco turbado.

—En una noche como ésta, quiero tener la garantía de poder disfrutar de tu amistad.

—Me gustaría creerte.

—Hazlo. Te lo pido por favor. Hay cosas que tengo que explicarte a ti, pero los dos solos.

—De acuerdo.

—¡Feliz Navidad, Joserra!

—¡Feliz Navidad!

Me hubiese gustado ser más abierto, más cariñoso, más yo, pero me envuelve una corteza de desconfianza que no quiero o no me atrevo a quitarme con este hombre.

Miércoles, 28 de diciembre

He ido a la radio a hacer el programa. Es el día de los Inocentes y quería probar con alguna broma. Tengo claro que al oyente no le gusta que le tomen el pelo. El oyente quiere divertirse, pero a costa de otros. Los oyentes quieren ser cómplices del que las gasta, no del que las recibe.

Paquito y Lama son bastante buenos para esto. Tienen ideas ocurrentes. En principio, habíamos quedado con Javier Capitán y Paco Barrero para hacer las grabaciones.

Llamamos a Julen Guerrero. Le llama Javier Capitán, haciéndose pasar por Cruyff, pero Julen no entra.

—Llamad a Carlos García —nos dice entre risas—. Es amigo mío, yo creo que se la traga.

Pero Carlos García tampoco entra.

—Esperad —les digo—. Vamos a llamar a gente nuestra, corresponsales nuestros en distintas ciudades. Por ejemplo, a Teo Vargas...

—¡Comunica! —dice Bustillo—.

—Llamad a Jerónimo Roldán. Estará en Radio Jerez.

Jerónimo entra hasta la bola. Paco Barrero le dice que le llama en nombre de Carmelo Ezpeleta y que Bernice Ecclestone, el magnate de la Fórmula 1, quiere organizar el GP de España de Fórmula 1 en Jerez y que él, Jerónimo, sea el jefe de prensa.

Jerónimo Roldán es un tipo encantador, solícito, buena gente, muy andaluz y acepta encantado, pero no se le ocurre otra cosa que meter la comunicación directamente a la antena.

—Pues, señoras y señores —dice— las noticias llegan a Radio Jerez y son importantes, porque Jerez va a tener este año Gran Premio de Fórmula 1... Señor Ecclestone, buenas tardes...

Javier Capitán me mira, a punto de estallar en carcajadas, sin saber qué hacer. Yo le asiento con la cabeza para que continúe en su papel, pero él duda. Jerónimo Roldán vuelve a insistir:

—Señor Ecclestone, ¡buenas noches!

—Güenas noches —contesta Capitán con un fortísimo acento inglés.

El otro le entrevista todo alborozado y el supuesto Ecclestone no se corta en confirmar que Jerez tendrá este año Gran Premio de Fórmula 1 y que Jerónimo Roldán será el jefe de prensa.

Después, cuando acaba la entrevista en directo para Radio Jerez, hemos seguido la broma y Ecclestone (Javier Capitán) ha quedado en llamarle dentro de unos días para ajustar mejor las condiciones. Paco Barrero, que se hacía pasar por Carmelo Ezpeleta, le atosigaba más.

—Oye, Jerónimo, ¿cuánta pasta has pedido?

—No, yo no le he pedido. Me ha ofrecido 80.000 dólares.

—¡Una miseria! —le picaba Barrero—. Tira más para arriba. ¡Ah!, y búscale tías...

—Ya, pero es que me ha pedido tíos también —decía Jerónimo—.

—Bueno, ya sabes. En la Fórmula 1 debe de haber mucho vicio.

—¡Vaya tela! —contestaba Jerónimo—.

Cuando Jerónimo Roldán lo ha escuchado en *El Larguero*, ha llamado todo cabreado. Estaba el maestro Vicente Marco aquí y me ha sido de gran utilidad, porque él es quien le ha hecho entender que era sólo una broma cariñosa.

En todo caso, ahora tengo dudas de si realmente nos habremos pasado con Jerónimo. ¡Es tan buena gente! Lo siento de verdad, si se nos ha ido la mano.

Jueves, 29 de diciembre

Leo tranquilamente, mientras me decido a escribir aquí unas líneas. No ha sido un día especial. Cargo las pilas intentando aburrirme de estar en casa para luego no echarlo tanto de menos. La televisión se me hace cada vez más aburrida.

Emilio Aragón me ha vuelto a llamar diciéndome que podría hacer el programa semanal, si estoy dispuesto a aceptar el proyecto.

Pienso en ello. De repente suena el teléfono. Es Rosendo Cabeza, el secretario técnico del Sevilla:

—Joserra, ¡feliz Navidad!

—Muchas gracias. Te oigo mal y muy lejos. ¿Dónde estás?

—En Londres y te llamo desde un teléfono móvil. Es que estoy llamando a la radio y comunica, por eso te llamo a tu casa. Sé que no haces el programa, pero es para que sepas que vamos a firmar esta noche la cesión de Dumitrescu.

—¿En qué teléfono estás?

Me da un teléfono móvil y llamo a la radio. Alcalá me dice que ya lo tienen localizado.

—Abrid con él —le digo—. Supongo que la COPE también lo tendrá localizado.

—No creo —me dice—.

—Alcalá, no seas ingenuo. Si me han llamado a mí, también les habrán llamado a ellos...

—¿Tú crees? —me dice todo sorprendido—.

—Estoy seguro. Son profesionales. ¿Qué piensas? ¿Se van a enemistar con los otros sin ningún motivo? No seas bobo y abre con Rosendo. Da la noticia del fichaje y lo dejas zanjado.

—De acuerdo.

Luego vuelve a llamar más tranquilo. Alcalá es un gran tipo, aunque aún le faltan horas de vuelo.

Azuara me ha enseñado un informe de Hugo Sánchez. Imagino quién se lo ha pasado, pero es impresionante. Vuelos privados a Barcelona en una avioneta, citas en el Hotel Calderón. Una separación de su mujer. La nueva novia. Amenazas y chantajes a Mendoza. Escalofriante. Le he dicho que vaya con cuidado. Es demasiado feo el asunto y sospecho que quien se lo ha facilitado tiene interés en hacer daño al mexicano a través de nosotros. Nunca me gustó el mexicano, pero este asunto tampoco.

Viernes, 30 de diciembre

Hoy ha sido el día que más he disfrutado de hijas. Hemos salido a comer fuera y después me las he llevado al cine.

Lo más sorprendente ha sido durante la comida. No sé bien cómo ocurrió ni porqué, pero de repente Lucía me ha preguntado:

—¡Oye, papá! ¿Y ese Supergarcía, por qué se lleva tan mal contigo?

—¿Y a ti quién te ha dicho eso?

—Todo el mundo, y lo he leído en una revista. Viene la foto vuestra. Dice que estáis muy *regañaos* y Clemente también.

—¿Clemente? ¿Tú qué sabes de Clemente?

—¿Por qué te llama mentiroso y todas esas cosas?

—Pues... no lo sé. Supongo que no le gustará lo que yo digo de él... Y sus hijos le preguntarán que por qué digo esas cosas.

Hemos entrado en un terreno pantanoso y yo no quería progresar más por ahí. Al final, con la misma facilidad que han iniciado la conversación, le han dado esquinazo y han cambiado a los regalos de Reyes y a la posibilidad de irnos al cine.

Me las he llevado al cine con sus primas. Lo han pasado bien, porque *Milagro antes de la Navidad* les ha gustado muchísimo. De regreso venían jugando a un juego de preguntas:

—¿Qué es lo que menos te gusta de tu padre? —preguntaban—.

—Que cuando habla por la radio, siempre se está riendo y en mi casa se enfada muchas veces —contestaba Lucía—.

Me han partido por la mitad. Y lo peor es que creo que llevan razón. Me voy a proponer cambiar eso este año.

Sábado, 31 de diciembre

Seis de la mañana. El 94 se ha marchado en una de las despedidas mejores que he disfrutado un fin de año. Han estado todos mis amigos en casa. Al final vino hasta Jorge Ruano. Castaño y Emilio José lograron hacer cantar a Relaño y a Augusto. Juan Luis, mi amigo de Tarifa, fue la alegría y la risa. He bebido más de la cuenta y me encuentro de maravilla. Me baila un poco el dedo al escribir esta despedida, pero no me duele ni la cabeza.

No son horas ni momento para escribir nada, pero quería hacer el esfuerzo de sentarme aquí esta noche, en las primeras horas del 95, para ponerle final a este año que se ha portado generoso conmigo.

Supongo que las cosas llegan cuando se trabaja por ellas. Supongo también que los golpes de suerte y de fortuna adelantan o atrasan los éxitos, pero sólo los adelantan o los atrasan. Si lo trabajas, si lo peleas, los objetivos se consiguen. Yo quise ser periodista y peleé por ello. Llegó mi golpe de suerte cuando tuvo que llegar. Al principio, pensé que era demasiado tarde. Recuerdo cuando vi a Roberto,

Brotóns, Soria, Parrado... todos aquellos que eran uno o dos años más mayores que yo y ya estaban casi consagrados. Pensé que me sacaban demasiado tiempo y que nunca lograría nada. Pensé que mi oportunidad para ser periodista llegaba muy tarde. Me equivoqué. La suerte me guardaba otras papeletas premiadas y me fueron saliendo. Es el mensaje que quisiera dejar a todos los estudiantes de periodismo que ahora empiezan.

Tal día como hoy... madrugada del 1 de enero de 1995... y lloviendo.

EPÍLOGO

DETRÁS DE EL LARGUERO

Detrás de *El Larguero* hay un equipo; eso es lo primero que se ve. Un trabajo en equipo que a mediodía es atento, a media tarde es frenético y cuando se pone ante el micrófono es relajado y sinfónico, "como si se hubiera producido una química extraña que nos diera confianza ante el momento culminante de la jornada: la hora de la verdad, las doce de la noche". José Ramón de la Morena es el director de la orquesta, pero, mientras no coge la batuta en el abarrotado estudio de la SER, el resto de sus profesores, como dicen las cuñas de publicidad del programa, anda a su aire, y lo que se nota entonces es lo que se aprecia en las buenas redacciones: que cada uno hace lo que tiene que hacer.

José Ramón sabe que ése es el secreto del éxito de su programa radiofónico. A sus 38 años casi todo lo que ha hecho lo ha hecho "rodeado de buena gente, trabajando en equipo, respetando a la gente y queriéndola". En el despacho en el que se queda en silencio para preparar *El Larguero* hay muestras de todos esos afectos: guarda las fotos de las bodas de sus colaboradores, las credenciales de acontecimientos culminantes de la historia reciente de los deportes, los banderines que le envían los admiradores y todos los detalles posibles de una vida que a pesar de rozar ahora tan de lleno la satisfacción de haber cumplido una arriesgada aventura profesional no ha perdido el sentimiento de lo que han supuesto para él quienes le ayudaron desde el principio. Así que Brunete y su gente —su gente de la infancia, a la que luego ha seguido viendo y queriendo, fijándose en ella para no desviar su estricto sentido de la amistad, de la lealtad y de la dignidad de las personas— están presentes en ese corcho donde guarda recuerdos como si fueran caricias.

Es un hombre con el sentimiento a flor de piel, como si la vida le hubiera endurecido sin que en ese camino, personal, profesional, humano, no hubiera dejado la ternura que conserva celosamente hasta las lágrimas. Cuando se encierra en este despacho —cuatro paredes que al atardecer se ponen a cuarenta grados, dice—, emborrona en papeles amarillentos el guión del programa, con una letra cuidada y decidida, y ahí milimetra las intervenciones y hasta la publicidad; el trabajo más duro, dice, es hacer que luego esa rigidez natural que impone el guión de un programa radiofónico adquiera espontaneidad —la clave de su éxito— en conexión con el oyente. Descuelga el teléfono y decide, en ese instante en que ya prepara el programa, que el resto del mundo no existe y, si existe, ya está ahí fuera el equipo de *El Larguero* para darse cuenta. Es su refugio y también una metáfora de su personalidad, que es en cierto modo también la personalidad de su programa: coral, abierto, repleto de sentido del humor pero impulsado por una determinación: la profesionalización de la información deportiva. Su seriedad esencial, su radical sentido de que todo el mundo tiene derecho a expresar lo que sabe sin ser perseguido o insultado por ello.

¿Y cómo es posible que después de ese barullo que hay afuera, y también del barullo natural de lo que pasa, haya ante el micrófono tal serenidad? "No sé, es una química extraña, porque hay veces que mi estado anímico va variando a lo largo de la tarde. Hay veces que vengo muy mal, con problemas míos, y otras veces que vienes eufórico, y luego el clima te va cambiando, serenando, y vas viendo con esa serenidad que se te descuelga alguien del programa porque le han amenazado o le han chantajeado. 'Si estás con De la Morena no estás conmigo'. Esas cosas me sacan de quicio. Pero esas cosas van variando, y el programa se hace cada vez en circunstancias más favorables, porque el clima de la información deportiva, por fortuna, ha variado mucho en este país en los últimos años. Pero aun así, a pesar de esa confianza en todos nosotros, el paseíllo que damos a las doce menos un minuto hasta el estudio sigue produciéndose para mí en medio del miedo; luego llegas ante el micrófono, ves a Manolete y ya me río, ya me controlo, ya me relajo, ves a Bustillo que anda de un lado a otro del control, y veo a Azuara que entra vacilando con la gente, y ya me cambia el humor para hacerse otra vez como el humor de ayer noche, el humor de todas las noches. Así que de doce de la noche a una y media de la madrugada es el mejor momento del día. Y el peor lo constituyen los diez minutos anteriores".

En esa hora y media De la Morena ha conseguido desconcertar a sus competidores, o al menos a su principal competidor, con el que polemiza abierta o secretamente y a quien alude en este libro: ese enfrentamiento ha decantado, ante los oyentes, dos maneras de concebir el periodismo deportivo en España, que De la Morena resume así: "Hay dos filosofías que se cumplen siendo periodista o siendo empresario, con los riesgos que ambas actitudes comportan en tu compromiso con el público. Yo soy periodista, me interesa lo que dice la gente para decírselo a la gente, sin manipularlo a favor de mis intereses, porque no los tengo: soy simplemente un periodista". "Ahora, dice José Ramón de la Morena, es posible apostar por el periodismo cuando se informa de los deportes en España, pero durante años esa posibilidad estuvo cercada"; por denunciarlo, el seleccionador nacional de fútbol, Javier Clemente, con el que mantiene un forcejeo irónico desde hace bastante tiempo, le pronosticó hace años que le quedaban dos meses en la profesión: "¡No sabes con quién te has metido!" Alguien le dijo bajando las escaleras del campo del Atlético de Madrid: "Clemente, que te quiere entrevistar De la Morena". "Ah, ya me dijeron lo que dijo anoche", y mirando a José Ramón le espetó señalándole con el dedo: "Chaval, dos meses te quedan en esta profesión, no sabes con quién te has metido", y empezó a reírse. "No, no sentí miedo, aunque lo lógico es que tal como estaban las cosas hubiera sentido un poco de miedo".

Esa anécdota es bastante esencial en la reciente historia del periodismo deportivo en España, y los oyentes lo saben; es imposible trazar un perfil periodístico de José Ramón de la Morena sin aludir a ella. Aunque quien mejor ha descrito lo que en el fondo supone esa guerra es el ex ministro barcelonista Ernest Lluch: "No habrá acabado la transición democrática en España hasta que *El Larguero* tenga un oyente más que su competidor". Dirigentes de algunos de los principales deportes se lo han dicho al revés: "Preferiría que volviera la dictadura total a que tú sigas creciendo". "Y otros que han dicho", dice José Ramón, "dejadle que vaya de frente y será cadáver".

En esta atmósfera en que prepara el que luego va a ser, en efecto, un programa coral, repleto de humor, un programa verdaderamente radiofónico, cara al público que abarrota cada noche el estudio, resulta extraño que este personaje entrañable, mimoso, como un niño grande que se emocionara ante cualquier acontecimiento íntimo, suyo o ajeno, haya desatado tantas guerras. ¿Y cómo se siente él en esa posición? "Siento a veces una sensación incómoda. Yo no pretendía ser cura, como deseaba mi madre, y al ser periodista buscaba una travesía profesional pacífica. Pero también he llegado a la conclusión de que soy un privilegiado que ha sido elegido para esta batalla. Y ahora que estoy donde estoy no puedo permitirme el lujo de decir: 'Ahora pacto con el enemigo principal y a los demás que les vayan dando".

Así que ha optado por la radio. "Cuando me hablan de estas luchas y de sus consecuencias públicas siempre digo: a mí que me juzguen por un programa de radio, bueno, malo, regular, más cómico, menos cómico, que lo califiquen de circo... Por eso quiero que me juzguen, a mí y a mi equipo. Pero me fastidia que me digan que estoy en una pelea; yo no estoy en una pelea: estoy en la radio, en un programa de radio, con las leyes profesionales de un programa periodístico que se basa en los esquemas de lo que es la radio. Y eso es lo que yo creo que ha percibido quien nos oye, y por eso además me parece que nos oyen tantos, no por ninguna pelea".

Sí, eso es lo que se percibe. Pero, entre tanto ruido como ha habido y hay en la profesión periodística española, ¿cómo ha podido mantenerse la atmósfera que ha hecho tan popular *El Larguero?* "Yo creo", dice De la Morena, "que fuera de ese ambiente que te he descrito se ha construido una atmósfera bastante limpia, bastante fácil de respirar. En un programa tú transmites lo que tienes aquí, y si hay buen ambiente transmites eso, y si hay alegría y hay bromas y hay compañerismo transmites eso. Y si hay tirantez y si hay miedo transmites esa tirantez y ese miedo. Yo sé que soy raro, y eso va dentro de mi propia personalidad, pero yo vivo en mis rarezas, que guardo cuando trabajo. Yo no me considero ningún tirano, ni soy ningún capataz de redacción: yo no serviría para eso, así que lo que ve la gente es verdadero: aquí, en *El Larguero,* el que manda es el equipo de *El Larguero*".

"Yo creo", dice al hablar del éxito, "que este programa ha conectado con el público porque ha sido capaz de desdramatizar las cosas. Sobre todo porque tenemos una cosa muy clara: *El Larguero* comienza después de *Hora 25* y, claro, que hablen en *Hora 25* del terromoto del Japón donde han muerto 15.000 personas y salga yo intentando quitar el sueño a la gente diciendo que se han caído tres tejas de un polideportivo no tendría mucho sentido, sería irresponsable, sería una vergüenza. O que se termine *Hora 25* diciendo que en Biafra han muerto 3.000 niños de hambre en esta semana y que salgas tú denunciando al presidente de un club pegándose una comilona. Porque comen los directivos, pero los periodistas también comen, ¡y cómo comen! Aquí hasta se ha simulado la meada del perro de un presidente para denunciarle ante la opinión pública".

Mientras hablamos se percibe que José Ramón de la Morena ve ahora el periodismo deportivo en un nuevo cauce, sin peleas obsesivas, como ha sucedeido hasta ahora. Y hay muchos asuntos pendientes sobre los que arrojar luz: qué va a pasar con la Federación de Fútbol, qué pasó de veras en las elecciones del Real Madrid, quién era de verdad Florentino Pérez, cuáles son las relaciones del seleccionador y de su Federación...

¿Y cómo se refleja en todo ello la política de este país? "Pues haciendo que la gente vaya mostrando lo que de veras es: cuando el PSOE estaba fuerte, pues temiendo al PSOE y, después, tal como se están viendo las cosas, qué quieres que te diga".

Para terminar, un cuestionario para De la Morena.

—En esta atmósfera, ¿cómo has podido mantenerte tan alerta?

—Porque todavía soy feliz y porque no me ha cambiado el entorno. Ni he ganado tanto dinero como la gente cree ni soy tan popular: la gente no me conoce por la calle, no me han visto nunca. No me han cambiado los amigos. Hombre, a veces voy a restaurantes en los que sí me reconocen. Pero mi popularidad es la más dulce que hay, la que no te crea problemas y la que te da ventajas: vas a un hospital a ver a un amigo, saben quién eres y te dan facilidades para que pases.

—¿Quiénes son tus oyentes?

—Supongo que el principal oyente es mi madre. Y mi mejor amigo, que reparte *coca-colas* en Brunete. Yo creo que el público es bastante homogéneo. Porque los que hacemos *El Larguero* también somos público.

—¿Y cuáles son los silencios de *El Larguero?*

—Los que se sienten en este libro.

—¿No habrá un día en que al programa de De la Morena le surja delante otro programa que venga a acabar con la posible preponderancia del programa de De la Morena?

—¡Dios, que nunca llegue la hora en que yo sea tan preponderante!

—¿Hay que endurecerse pero nunca perder la ternura, como decía Ernesto Che Guevara?

—Mis momentos duros duran escasamente dos segundos. Yo seguiré siendo un sentimental.

—¿Tú sabes que todos los que hacen diarios son unos melancólicos?

—Seguramente. El otro día vi que mi hija escribía un diario y me dije "pobrecita, como yo". Pero un día la madre me dijo algo que me ha hecho reflexionar mucho: "¿Sabes que tu hija ha escrito en el diario que su padre debe ser muy famoso porque en su casa apenas tiene tiempo de jugar o de hablar con ella?" Eso me hundió. Ahora intento jugar con ella, y competimos, y ahí me sale la vena que me ha hecho pelear siempre, la vena de no dejarme ganar, de competir, y ella me gana muchas veces, y eso me hace bien, que me ganen bien.

Un sentimental. Un obrero de la radio. Un director de orquesta. Un tipo verdaderamente fiable. Un profesional. Un personaje con el que se puede viajar sin salir del estudio. El descubrimiento de una nueva generación de programas de radio.

Juan Cruz

Este libro se terminó
de imprimir en los talleres gráficos
de Unigraf S. A., Móstoles (Madrid),
el día 7 de mayo de 1995, festividad
de santa Domitila, mártir.